KB199956

온 세상에서 들리는
하나님의 생각

내 마음에 두신 노래

내
마음에
두신
노래

Thoughts to Make
Your Heart Sing

셀리 로이드 존스 지음 | 제이고 그림

정성묵 옮김

내 마음에 두신 노래

지은이 | 셀리 로이드 존스
그린이 | 제이고
옮긴이 | 정성묵
초판 발행 | 2020. 7. 22
3쇄 발행 | 2022. 5. 10
등록번호 | 제1988-000080호
등록된 곳 | 서울특별시 용산구 서빙고로65길 38
발행처 | 사단법인 두란노서원
영업부 | 2078-3333 FAX | 080-749-3705
출판부 | 2078-3332

책값은 뒤표지에 있습니다.
ISBN 978-89-531-3787-5 03230

독자의 의견을 기다립니다.
tpress@duranno.com   www.duranno.com

두란노서원은 바울 사도가 3차 전도 여행 때 에베소에서 성령 받은 제자들을 따로 세워 하나님의 말씀으로 양육
하던 장소입니다. 사도행전 19장 8-20절의 정신에 따라 첫째 목회자를 돕는 사역과 평신도를 훈련시키는 사역,
둘째 세계선교™와 문서선교단행본·잡지 사역, 셋째 예수문화 및 경배와 찬양 사역, 그리고 가정·상담 사역 등을 감
당하고 있습니다. 1980년 12월 22일에 창립된 두란노서원은 주님 오실 때까지 이 사역들을 계속할 것입니다.

사랑을 담아 부모님께
이 책을 바칩니다.
셸리 로이드 존스

아름다운 아내와
사랑스러운 우리 아이들에게
이 책을 바칩니다.
제이고

감사의 말

나는 C. S. 루이스, 헬무트 틸리케, 코리 텐 붐, 에이미 카마이클, 마틴 로이드 존스, 조나단 에드워즈, 브레넌 매닝, 팀 켈러, 존 스토트 등 여러 기독교 신학자와 저자, 선생들에게서 영감을 얻고 또 배웠습니다. 이 책 곳곳에 이들의 글이 실려 있으며, 이들 한 사람 한 사람에게 깊은 고마움을 느낍니다.

무엇보다도 부모님께 감사하며, 그분들께 이 책을 바칩니다. 두 분은 내게 부모가 자식에게 줄 수 있는 가장 큰 선물인 신앙을 물려주셨습니다. 코리 텐 붐은 이 신앙의 길을 가리켜 "그분을 믿는 환상적인 모험"이라 불렀죠.

아무쪼록 이 책을 읽는 분들마다 나와 같은 환상적인 모험에 뛰어들기를 간절히 소원하고 기도합니다.

차례

추천의 글

세상 사람들의 얼굴이 슬프고 어둡습니다. 마스크를 써야 나갈 수 있는 세상이 슬픈 탓입니다. 더 이상 하나님이 보시기에 좋았던 세상이 아닙니다. '이런 세상을 어떻게 다음 세대에 물려주나?' '저들이 어떻게 기쁨에 겨워 노래하게 하나?' '어떻게 성경의 생각들로 오늘을 살아 내나?' 《내 마음에 두신 노래》는 그 질문에 답합니다. "부모가 자녀와 함께 그분을 듣고 보고 만나 그 말씀을 노래하라." 믿음의 가정마다 마음과 뜻을 다해 부르는 이 노래가 장엄한 합창이 되어 다시 세상의 등불을 밝힐 것입니다.

조정민
베이직교회 담임목사

많은 사람들이 성경으로 세상을 보는 법을 배우기 전에 인간의 지식으로 성경을 이해하는 방법을 배우며 살아가고 있습니다. 《내 마음에 두신 노래》는 이야기와 그림을 재료로 복음을 쉽고 재미있게 소개하고 있습니다. 읽는 이들에게 복음으로 세상을 이해하고, 성경으로 세상을 해석하도록 안내합니다. 신앙의 기초를 점검하는 분들과 상상력을 통해 믿음을 키워 가는 자녀들에게 큰 도움이 될 것입니다.

이재훈
온누리교회 담임목사

창조, 죄, 구속, 구원, 성화, 영생…. 자칫 어렵고 무겁게 느껴질 수 있는 진리를 아름다운 그림과 따뜻한 글로 어른이나 아이나 알기 쉽게 만들어 준 책입니다. 점점 더 복잡하고 험난해지는 세상입니다. 이 책이 불안, 공허, 외로움에 지친 분들에게 위로와 쉼이 되고, 감사와 기쁨을 되찾는 기회가 되기를 기도합니다.

신애라
배우

팀 켈러 서문

셀리 로이드 존스가 아이들의 신앙생활을 돕는 책을 쓴다는 소식을 처음 들었을 때 호기심이 일었습니다. 그리고 이제 완성작을 보니 기쁘기 그지없습니다.

아이들의 신앙생활에 대한 관심은 왜 그토록 저조한 걸까요? 물론 교회마다 아이들에게 교리를 가르치고 예배에 참여시키기는 합니다. 하지만 아이들 스스로 신앙생활을 하도록 가르치는 것은 오랜 세월 동안 퍼즐의 잃어버린 조각으로 남아 있습니다. 이런 교육은 아이들이 균형 잡힌 크리스천으로 자라느냐, 아니면 한쪽으로 심하게 치우치느냐에 직접적으로 영향을 미칩니다.

아이들에게 지식을 전해 주는 데만 급급하기가 너무 쉽다는 말입니다. 물론 성경적 지식과 암송, 기본적인 교리로 기초를 쌓는 작업은 너무도 중요합니다.

하지만 하나님과의 교제라는 경험적인 측면을 자주 간과하는 현실이 너무도 안타깝습니다. 상황이 이렇다 보니 아이들이 십 대가 되면 하나같이 지식 쪽으로만 너무 치우치고 하나님의 임재는 제대로 경험하지 못합니다.

책 한 권으로 이 불균형을 바로잡기에는 역부족일 줄 압니다. 그런데도 감히 아이들 스스로 예수님과 교제할 수 있도록 돕기 위해 그들의 손에 쥐어 줄 만한 최고의 책으로 이 책을 추천합니다. 이 책에는 내가 자녀가 있든 없든 상관없이 모든 친구들에게 자주 선물해 주는 책인 《스토리 바이블 The Jesus Storybook Bible》(두란노키즈 역간)만큼이나 독특하면서도 훌륭한 그림이 가득합니다. 게다가 셀리 로이드 존스 특유의 이해하기 쉬운 글로 쓰여 있습니다.

무엇보다도 예수님이 피로 사셔서 우리에게 값없이 주신 하나님의 사랑의 복음에 대한 깊은 이해가 돋보입니다. 아이들뿐만 아니라 우리 모두의 마음을 노래하게 하는 주옥같은 글입니다.

리디머교회 설립목사

팀 켈러

Timothy Keller

들어가며

이 책은 참된 것들을 일깨워 주기 위한 글 모음입니다. 앉은자리에서 한번에 다 읽는 것을 권하지 않습니다.

이 글들은 다 성경에서 나온 메시지예요. 하나님이 우리를 얼마나 사랑하시는지, 우리가 그분을 어떻게 사랑할 수 있는지에 관한 이 모든 내용은 사실 하나님이 성경을 통해 직접 들려주신 말씀입니다.

하나님께로 가는 길을 이미 알고 있는 사람들을 위한 글도 있고, 아직 그 길을 찾고 있는 사람들을 위한 글도 있습니다.

하나님이 뭐라고 말씀하시든 부디 귀를 쫑긋하고 듣기를 바랍니다.

셀리 로이드 존스
Sally Lloyd-Jones

아침마다 주의 한결같은 사랑으로 우리를 만족하게 하셔서
우리가 평생 기쁨으로 노래하고 즐거워하게 하소서.
시편 90편 14절, 현대인의성경

편집자 일러두기

이 책에 실린 성경 말씀은 《성경전서 개역개정판》(대한성서공회)을 기본으로 사용했습니다. 《성경전서 새번역》(대한성서공회), 《우리말성경》(두란노), 《현대인의성경》(생명의말씀사)을 사용할 경우에는 성구마다 "새번역", "우리말성경", "현대인의성경"이라고 별도 표기했습니다. NCV(New Century Version), NEB(New English Bible), NIV(New International Version), NLT(New Living Translation) 성경을 사용할 경우 이 책의 옮긴이가 직접 번역하고 별도 표기했습니다. "쉽게 풀어 씀"이 덧붙은 구절은 저자의 해석입니다.

기쁨의 춤!   # 창조주

　세상이 처음 생겨날 때 하나님은 말씀으로 모든
것을 창조하시고 온 우주가 춤추게 만드셨어요. 다른
이유가 있어서가 아니라 그냥 좋아서 하신 일이에요.
　하나님은 세상 모든 것의 중심에 계셨어요.
　행성들이 태양 주위를 빙빙 돌면서 춤을 추고
있죠? 그것처럼 하나님은 세상 모든 것, 그리고
우리 마음속의 모든 것이 하나님을 중심으로 돌게
만드셨어요. 우주의 모든 것이 놀라운 기쁨의 춤을
추게 하셨답니다.
　우리는 바로 이런 춤을 추기 위해 지음받은
사람들이에요.

● 그때에 새벽 별들이 기뻐 노래하며
　하나님의 아들들이 다 기뻐 소리를 질렀느니라.
　욥기 38장 7절

우리를 덮친 거대한 재앙　# 죄

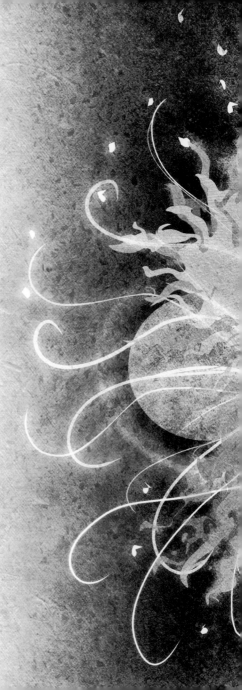

행성들이 태양을 제치고 자기가 나서서 중심의 자리를 차지하면 어떻게 될까요? 엄청난 재앙이 일어나겠죠!

성경은 우리가 죄를 지은 상황이 이와 비슷하다고 말해요. 하나님은 우리 마음이 하나님을 돌며 놀라운 기쁨의 춤을 추게 만드셨어요. 그런데 우리는 하나님을 중심에서 밀어내고 그 자리를 차지해 버렸죠.

이것을 '죄'라고 해요.

그 바람에 하나님의 완벽한 세상이 엉망진창으로 깨져 버렸죠. 그리고 이제 우리 마음은 하나님과 함께 덩실덩실 추던 춤에서 벗어났어요. 세상과의 춤도, 사람들과의 춤도 다 망가졌고요. 심지어는 나 자신과도 발이 안 맞게 되었어요.

하지만 하나님은 이 춤을 회복할 계획을 세우셨고, 구원자도 준비하셨어요.

어느 날, 우리 죄가 일으킨 이 엄청난 재앙을 대신 당하시려고, 우리를 기쁨의 춤으로 다시 이끌어 주시려고 예수님이 이 땅에 오셨어요.

● 네가 다시 기뻐하며 춤추게 되리라.
　예레미야 31장 4절, NLT

22

사랑 많으신 나의 아버지   # 양육

하나님은 자신이 하늘과 땅을 만드신 창조자라고 말씀하세요. 엄청나게 위대하신 분이죠. 그런데 그 위대하신 하나님이 바로 우리 아버지세요.

하나님은 마치 카메라로 찍은 사진처럼 생생하게 다정한 아버지의 모습을 보여 주셨어요. 하나님의 아들딸인 우리에게 차근차근 걷는 법을 가르쳐 주시는 모습, 우리를 그분의 품에 포근하게 안아 주시는 모습, 우리를 자상하게 이끌어 주시는 모습…. 그런 모습들이 성경 곳곳에 나와 있어요.

하나님은 우리가 사는 내내 그분과 함께 걷는 법을 직접 가르쳐 주세요. 그리고 우리 손을 꼭 잡고 모든 순간 인도해 주신답니다.

● 내가 직접 내 백성들의 손을 잡고 인도하면서
  걷는 법을 가르쳐 주었다.
  호세아 11장 3절, NLT를 쉽게 풀어 씀

사랑한다? 사랑하지 않는다?

● 너희는 나의 이 말을 너희의 마음과 뜻에 두고.
  신명기 11장 18절

하나님은 우리가 어떤 말을 마음 깊이 새기기를 원하실까요?
착하게 살아라? 더 잘해라? 더 열심히 해라?
이것들이 하나님이 우리를 자유롭게 하기 위해 성경에
쓰신 말일까요? 그렇지 않아요. 이런 건 우리가 할 수 없는
것들이니까요.

하나님은 우리가 이 한마디를 언제나 꼭 기억하기를 바라세요.
"나는 너를 사랑한다!"
사탄은 에덴동산에서 하와에게 새빨간 거짓말을 속삭였어요.
"하나님은 너를 사랑하지 않아!"
"나는 너를 사랑한다"라는 하나님의 말씀은 이 거짓말을 단번에
몰아내는 말이에요. 이 말은 우리 마음속을 기웃거리며 하나님을
믿지 못하게 하는 거짓의 독을 치유해요.

우리에게 이 말을 해 주시려고 예수님이 이 땅에 오셨어요.
예수님은 온 삶으로 이 말을 하셨고, 죽음으로 이 말의 참의미를
증명해 보이셨어요.

오늘 어떤 말을 마음에 새기고 소중히 여길지 우리는 결정해야
해요.

온 땅에서 가장 특별한 보물 # 정체성

당신은 하나님이 지으신 온갖 멋진 것들 가운데 무엇이
가장 놀랍고 감동적인가요? 웅장한 그랜드캐니언? 아니면
끝없이 넓은 은하수? 북극은 어때요? 아니면 하늘까지 치솟은
에베레스트산? 장엄하게 물든 저녁노을? 불가사리? 치타?

그러면 정작 하나님은 그분이 손수 지으신 것들 가운데
무엇을 최고로, 무엇을 가장 아름답고 훌륭한 것으로
꼽으실까요?

바로 '당신'이에요.

● 온 땅이 다 내 것이지만 … 너희는 내 특별한 보물이 될 것이다.
출애굽기 19장 5절, 쉽게 풀어 씀

당신의 노래를 불러요!

찬송 # 예배

온 세상은 노래를 부르고 있어요. 들리나요?

바람은 나뭇잎에 부딪치며 속삭이고, 비는 양철 지붕 위에서 춤을 춰요. 온 세상이 합창을 부르고 있어요.

"하나님은 우리를 사랑하시네! 하나님이 우리를 지으셨네! 하나님이 우리를 크게 기뻐하시네!"

이 노래는 세상이 처음 생겨날 때부터 불러 온 노래예요. 온 세상이 부르라고 하나님이 손수 지으셨어요.

이건 무언無言의 노래인데, 우리 역시 불러야 할 노래예요.

아주 오래전에 우리는 죄를 짓고 하나님을 떠나면서 이
노래를 잊어버렸어요. 하지만 예수님이 우리를 하나님께로
다시 데려가시면서 이 노래를 되찾아 주셨답니다.

그러니 이제 당신의 노래를 불러요!

● 온 땅이여 여호와께 즐거운 찬송을 부를지어다
기쁨으로 … 노래하면서 그의 앞에 나아갈지어다 …
그는 우리를 지으신 이요 우리는 그의 것이니.
시편 100편 1-3절

망가진 땅으로 내려오신 하나님   # 성육신

원래 세상은 이러지 않았어요.

최초의 인간 아담과 하와는 하나님에게서 도망쳤어요. 하나님의 마음은 찢어지게 아팠고 하나님의 세상도 망가졌죠. 세상에는 눈물과 질병이 생겨났고 고통이 찾아왔답니다. 무엇보다도 죽음이 등장했어요.

하나님은 원래 이 세상을 완벽한 집으로 지으셨어요. 그런데 우리 죄가 모든 것을 망쳐 놓았죠. 우리가 하나님의 세상을 엉망진창으로 깨뜨렸어요. 우리가 잘못해서 다 잃어버린 거예요.

그렇다고 해서 하나님이 우리를 미워하고 버리셨을까요?

우리가 망가뜨린 세상을 하나님이 하늘에서 팔짱 끼고 구경만 하셨을까요?

그렇지 않아요. 하나님은 저 하늘 위에서 이 세상을 내려다보고만 계시지 않고 직접 내려오셨어요. 우리를 벌주려고 내려오신 것이 아니에요. 우리를 구해 주려고 오셨어요.

● 그가 높은 곳에서 손을 펴사 나를 붙잡아 주심이여.
시편 18편 16절

전속력으로 도망치는 인생들　# 죄

　'죄'란 무엇일까요? 죄는 우리를 사랑하시는 하나님에게서
멀어지려는 거예요. 하나님 없이 내 마음대로 하고 싶어
하는 거예요.

　성경은 죄가 단순히 그냥 실수로 길에서 벗어나 헤매는
것과는 다르다고 말해요. 죄는 말이 자기 주인에게서
전속력으로 도망치는 상황과 비슷해요. 그렇게 우리는
하나님에게서 벗어나려고 발버둥을 치죠.

　때로 우리는 자기가 원하는 것을 향해 돌진하는 고삐 풀린
말과 같아요.

　하지만 우리 하나님은 아무리 내달리는 거친 말이라도
멈추게 하실 수 있어요. 그분은 날뛰는 말을 부드럽게
이끌어 집으로 데리고 가는 분이세요.

●　'내가 무엇을 했는가?'라고 말하며
　자신의 악함을 후회하는 사람이 아무도 없다.
　말이 전쟁터로 돌진하는 것처럼
　모든 사람들이 각자 자기 갈 길로 갔다.
　예레미야 8장 6절, 우리말성경

망설이지 말고 집으로   # 회개

제2차 세계 대전이 한창일 때 공군 비행기 한 대가 바다에 추락했어요. 무선을 칠 방법은 없었고, 도움을 요청할 남은 수단은 딱 하나였어요. 바로 '윙키'라는 이름의 비둘기였죠.

윙키는 기지에 있는 집까지 날고 또 날았어요. 거센 바람을 가르며 무려 200킬로미터가 넘는 거리를 날아갔죠. 윙키가 포기하지 않고 끝까지 가서 구조 요청을 한 덕분에 비행기에 탄 사람들은 한 명도 빠짐없이 무사히 구조되었어요. 그 용감한 행동으로 윙키는 특별 훈장까지 받았답니다.

새들은 집에서 아무리 멀리 떨어져 있어도 집에 돌아가는 길을 찾을 줄 알아요. 하지만 하나님의 자녀들은 그렇지 못하죠. 아니, 아예 집을 그리워할 줄도 모르니 문제가 심각해요.

우리의 진짜 집은 하나님이에요. 하나님에게서 멀어지면 집을 잃은 고아 신세나 다름없어요.

혹시 집에서 멀리 벗어나 헤매고 있나요? 그럼 오늘 윙키처럼 해 봐요. 집에서 벗어났다는 것을 깨닫는 순간, 지체하지 말고 당신의 집으로 발길을 돌려요.

● 내가 너를 자유롭게 하기 위한 값을 치렀으니, 내게로 돌아오라.
　이사야 44장 22절, NLT

괜찮아, 돌아오렴   # 자비 # 용납

하나님은 우리와 가까이 지내기를 원하세요. 그래서 우리가 멀리
떠나서 방황할 때마다 우리에게 간절히 말씀하시죠.

> "나는 너그럽고 온화하니
> 내게로 돌아오렴.
> 나는 화를 잘 내지 않고
> 어떻게든 용서하려 애쓰는 하나님이다.
> 그러니 내가 있는 집으로 돌아와라.
> 그리고 죄를 깊이 뉘우치렴.
> 한시라도 빨리 너를 용서해 주고 싶구나.
> 어디에 있든
> 무슨 짓을 저질렀든
> 그냥 와라!"

● 여호와의 말씀이다. "이제라도 … 너희의 온 마음을 다해 내게 돌아오라." …
  너희 하나님 여호와께 돌아오라.
  그분은 은혜로우시고 긍휼이 많으시며
  화를 내는 데는 더디시고 사랑이 풍부하시며.
  요엘 2장 12-13절, 우리말성경

언약의 하나님   # 보혈

성경에서 '언약'이란 절대 깰 수 없는 계약을 말해요. 잉크가
아니라 피로 쓴 계약이죠. 동물을 죽이면서 "내가 이 약속을 어기면
이 동물처럼 죽여도 좋아!"라고 말하는 거예요.

하나님은 우리와 이런 언약을 맺으시면서 "너를 '항상'
사랑하겠다"라고 말씀하셨어요. 그러면 우리는 어떻게 해야
할까요? "저도 하나님을 항상 사랑하겠어요"라고 해야겠죠?

그런데 우리는 그러지 않았어요. 오히려 하나님에게서 도망치고
계약을 깨뜨렸죠. 우리는 하나님의 법에 따라 죽을 수밖에 없는
신세가 되었어요. 하지만 하나님은 우리를 살려 주셨어요. 어떻게
하셨을까요? 그냥 법을 무시하셨을까요? 아니에요.

계약서에서 우리가 책임져야 할 부분을 하나님이 대신 책임져
주셨어요. 예수님을 통해 우리 대신 죽으셨죠.

우리를 항상 사랑하시겠다는 하나님의 약속도 피로 쓰였어요.
바로 그분의 아들, 예수 그리스도의 피.

● 예수께서 … 이르시되 너희가 다 이것을 마시라
이것은 죄 사함을 얻게 하려고 많은 사람을 위하여 흘리는 바
나의 피 곧 언약의 피니라.
마태복음 26장 26, 28절

겨자씨만 하더라도   # 믿음

"더 많은 믿음을 주세요!"

제자들이 이렇게 부탁했을 때 예수님은 이미 가지고 있는
믿음만으로도 충분하다고 말씀하셨어요.

겨자씨만 한 믿음으로도 충분해요. 그런데 겨자씨가
얼마나 작은지 아나요? 이 문장 끝에 찍힌 작은 점 하나 크기
정도밖에 되지 않아요. 그런데 예수님은 그만한 믿음으로도
거대한 나무를 쑥 뽑아 바다 한가운데 심기에 충분하다고
말씀하셨어요. 잘 보이지도 않을 만큼 작디작은 믿음 한
조각만으로도 충분해요. 우리에게 그만한 믿음만 있어도
예수님이 시키신 일을 뭐든 할 수 있어요.

중요한 건 내가 아니기 때문이에요. 내가 믿음이 얼마나
많은지는 중요하지 않아요. 예수님이 어떤 분이시며, 그분이
얼마나 약속을 충실하게 잘 지키시는지가 중요해요!

● 너희에게 겨자씨 한 알만 한 믿음이 있었더라면
  이 뽕나무더러 뿌리가 뽑혀 바다에 심기어라 하였을 것이요
  그것이 너희에게 순종하였으리라.
  누가복음 17장 6절

죄인들의 친구   # 자비 # 구원

하루는 예수님이 여리고라는 큰 도시를 방문하셨어요.
거기서 모임을 가지셨죠.

누구를 만나셨을까요? 지체 높은 시장? 종교 기관의 대표?

아니에요. 예수님은 곧장 그 도시에서 가장 악한 죄인을
찾아가셨어요. 그 사람은 키가 아주 작았는데, 예수님을 보고
싶어서 나무 위에 올라가 있던 참이었죠.

쉽게 말해 이것은 한 나라의 수도에 가서 대통령이나 왕과
차를 마시는 대신 극악한 범죄자를 찾아가 차 한 잔을 나누는
것과 비슷한 상황이에요.

삭개오는 그 도시 모든 사람들에게 미움과 손가락질을
가장 많이 받던 사람이에요. 그런데 예수님이 하필 그런
사람의 집에 머물려 하시다니! 당시 이것은 친구가 되자는
것과 같은 뜻이었으니 보통 충격적인 일이 아니었어요.

그 지역에서 영향력 있는 자리에 있던 사람들은 하나같이
이렇게 비웃었어요.

"예수라는 자는 죄인들의 친구야!"

맞는 말이에요. 예수님은 죄인들을 사랑하세요. 그리고
바로 그 죄인들이 예수님이 이 땅에 오신 이유랍니다.

● 그리스도 예수께서 죄인을 구원하시려고 세상에 임하셨다.
  디모데전서 1장 15절

하나님의 선물 # 은혜 # 구원

삭개오는 큰 죄인이었어요. 훔치고 거짓말하고 속이기를
밥 먹듯이 하던 자였죠. 예수님은 왜 그런 못된 사람을
사랑하셨을까요? 삭개오가 "오늘부터 착한 사람이 될게요"라고
고백해서? 그래서 예수님이 그와 친구가 되어 주신 걸까요?

전혀 아니에요. 아무도 삭개오와 어울리지 않으려고 할 때,
삭개오가 잘못을 단 한 점도 뉘우치기 전에, 그때 예수님은 그의
친구가 되어 주셨어요. 예수님은 삭개오를 있는 그대로 받아
주시고 또 사랑해 주셨어요.

예수님의 사랑을 받기 위해 삭개오는 아무것도 하지 않아도
되었어요. 우리도 마찬가지예요. 왜냐하면 하나님의 사랑은
우리에게 값없이 주어진 선물이기 때문이죠. 내 힘이나 자격으로
이 선물을 얻으려고 애쓸 필요가 없어요. 돈으로 사려고 할 필요도
없어요. 살 수도 없고요.

그냥 빈손을 활짝 내밀어 그분이 주시는 선물을 받기만 하면
돼요.

하나님의 은혜로 여러분은 그리스도를 믿어 구원을 받았습니다.
그것은 여러분의 힘으로 된 것이 아니라 하나님의 선물입니다.
에베소서 2장 8절, 현대인의성경

멀리, 저 멀리   # 용서

하나님이 말씀하시는 그분의 용서란 이런 뜻이에요.
"네가 지금까지 저지른 모든 잘못을 내게서 멀리 치워
버렸다. 아무도, 심지어 나도 볼 수 없게 저 멀리 던져
버렸단다."

지금까지 당신이 가 본 가장 먼 곳은 어디인가요? 하나님은
당신의 죄를 그곳보다도 훨씬 멀리 보내 버리셨어요.

당신이 상상할 수 있는 가장 먼 곳은 어디인가요?

12광년(빛이 초속 30만 킬로미터의 속도로 12년간 가야 하는 거리)
정도 떨어진 머나먼 은하계?

하나님은 우리 죄를 그곳보다도 훨씬 멀리 보내
버리셨어요. 우리가 다시는 볼 수 없게 말이에요.

● 동이 서에서 먼 것같이
   우리의 죄과를 우리에게서 멀리 옮기셨으며.
   시편 103편 12절

복받고 싶나요?

● 주님의 말씀이다. … 내가 반드시 너에게 큰 복을 주며.
  창세기 22장 17절, 새번역

　서양 사람들은 옆 사람이 재채기를 하면 "Bless You!"(복이 있기를 빈다)
라고 말해 주는 관습이 있어요.
　하지만 성경에서 말하는 '복'은 그것과 비교할 수 없을 만큼 훨씬 더
강력한 단어예요.

　하나님이 복을 주시겠다는 것은 "너를 내가 원하는 사람으로 만들어
주마!"라는 뜻이에요. 좋은 일이든 나쁜 일이든 우리 삶에서 일어나는
모든 일을 사용해 우리의 망가진 부분을 고치고 우리를 더 강하게
만들어 주시겠다는 거죠. 우리를 '하나님이 처음부터 생각하셨던 사람'
으로 변화시켜 주시겠다는 뜻이에요.

　하나님의 복을 받는다는 것은 애벌레가 나비로 완전히 탈바꿈하는
것처럼 우리가 완전히 변화된다는 뜻이에요. 하나님은 우리는
물론이고 망가진 세상의 모든 것을 변화시키시는 중이랍니다.

작디작은 나에게 마음을 쓰시는 하나님　# 돌보심

다윗왕은 하나님이 지으신 우주를 생각하며 놀라워했어요.

● 주의 손가락으로 만드신 주의 하늘과
　주께서 베풀어 두신 달과 별들을 내가 보오니
　사람이 무엇이기에 주께서 그를 생각하시며.
　시편 8편 3-4절

　그런데 가만히 보니 다윗은 하나님이 그토록 놀라운
우주를 팔이 아니고 심지어 손도 아닌 '손가락'으로
지으셨다고 말해요.
　끝없이 넓은 우주라 해도 하나님께는 아주 작을 뿐이에요.
하나님께 우주를 만드는 일은 손가락으로 장난감을 만드는
것에 불과하답니다.
　은하계가 아메리카 대륙 크기라고 하면 태양계는 커피
잔 하나만 하고, 지구는 그 잔에 붙은 먼지 한 톨 크기일
뿐이에요. 그런데 그렇게 거대한 우주도 하나님께는 너무
작아요. 그렇다면 하나님 앞에서 인간은 얼마나 보잘것없이
미미할까요? 눈에 보이지 않는 점만큼도 안 되겠죠.
　그런데도 하나님은 오늘도 그분 마음속이 우리에 관한
생각으로 꽉 차 있다고 말씀하세요.

기쁨으로 가득해져라!   # 영광

하나님은 우리에게 그분께 영광을 돌리라고 말씀하세요.
'영광을 돌린다Glorify'는 것은 대단하게 여긴다는 뜻이에요.
누군가가 우리를 대단하게 여기면 정말 기쁠 거예요.
그렇다면 하나님은 자신을 대단하게 여겨 줄 사람이 필요하신
걸까요? 그래서 우리가 있어야 기쁨을 얻으실 수 있는 걸까요?
아니요, 전혀 그렇지 않아요. 성부 하나님과 성자 예수님은 이미
처음부터 성령님과 사랑의 가족을 이루어 기쁨의 춤을 추며
서로에게 영광을 돌리고 계셨어요.
하나님은 기쁨을 얻으시려고 우리를 창조하신 게 아니에요.
하나님은 이미 기쁨을 차고 넘치도록 누리고 계셨고, 그 기쁨을
나누려고 우리를 창조하신 거예요.
하나님은 우리 마음이 행복해지려면 무엇이 가장 필요한지 알고
계세요. "내게 영광을 돌려라!"라는 하나님의 말씀은
"너도 기쁨으로 가득해져라!"라는 뜻이에요.
하나님은 그분의 영원한 행복으로 우리를 초대하고 계세요.

● 만세 전부터 정해진 하나님의 비밀스러운 목적은
우리를 온전히 영광스럽게 하는 것입니다.
고린도전서 2장 7절, NEB

하나님의 규칙들　　#율법

　하나님의 규칙은 선물이에요. 우리가 진짜 모습으로
살아갈 수 있게 도와주죠.

　그런데 우리가 규칙을 잘 지켜야만 하나님이 우리를
사랑해 주실까요?

　그렇지 않아요. 하나님은 우리의 성적표가 아니라
예수님의 성적표를 의지하라고 말씀하세요. 예수님이 우리
대신 모든 규칙을 이미 완벽하게 지켜 주셨거든요.

　우리는 하나님께 사랑을 얻어 내기 위해서가 아니라
'하나님을 사랑하기 때문에' 하나님의 규칙에 순종하는
거예요. 하나님은 이미 우리를 사랑하고 계세요. 하나님은
우리를 더 이상 사랑할 수 없을 만큼 사랑하세요.

　하나님의 규칙은 하나님이 어떤 분이시고 하나님을
어떻게 사랑해야 할지 알려 줘요. 이런 것들을 알면
하나님의 규칙이 좋아질 수밖에 없어요.

● 하나님은 여러분 안에서 활동하셔서,
　여러분으로 하여금 하나님을 기쁘게 해 드릴 것을
　염원하게 하시고 실천하게 하시는 분입니다.
　빌립보서 2장 13절, 새번역

비밀 무기　　# 말씀

하나님이 모든 자녀에게 비밀 무기를 주셨다는 것을 알고 있나요? 온
우주가 이 무기로 만들어졌어요. 이 무기는 어둠을 빛으로 바꿀 수 있죠.
　이 무기가 뭔지 짐작이 좀 가나요?
　이 무기는 날카롭기가 이를 데 없어요.
　바로, '하나님의 말씀'이라는 검이랍니다.
　두려운 대상이 있나요? 그 대상을 향해 이 검을 휘둘러 봐요. 두려움의

속삭임에 귀 기울이지 말고 하나님의 말씀의 검을 뽑아 공격해 봐요.

어떻게 하냐고요? 하나님이 말씀해 주신 참된 것들을 외치면 돼요.

"하나님은 내 삶을 위해 좋은 계획을 세워 놓으셨다!"

"나는 두려워하지 않고 하나님을 믿을 것이다!"

"예수 이름으로 나는 어떤 어려운 일도 다 이길 수 있다!"

● 우리 주 예수 그리스도로 말미암아 우리에게 승리를 주시는 하나님께 감사하노니.
고린도전서 15장 57절

그냥 받아들여요   # 평안

당신은 창문을 열고 시원한 바람에게 제발 들어와 달라고
애원하나요? 아침에 커튼을 걷고 태양에게 집 안에 빛을
비춰 주지 않으면 가만두지 않겠다고 엄포를 놓나요?

만약 그런 사람이 있다면 정말 어리석은 사람일 거예요.

창문을 열면 바람이 알아서 들어오죠. 커튼을 걷으면
햇빛이 저절로 들어와요.

성경은 하나님의 평강도 이와 마찬가지라고 말해요.
우리가 받아들이기만 하면 그분의 평강이 우리 마음속으로
잔잔히 흘러 들어와요.

걱정거리가 있나요? 왠지 불안한가요?

오늘 골치 아픈 일이 있나요?

혼자 힘으로 걱정을 떨쳐 내려고 애쓰지 말아요. 그냥
하나님의 평강이 들어오도록 마음을 열어요. 그러면 햇빛이
컴컴한 집 안에 들어오듯 하나님의 평강이 우리 마음속에
들어와 가득 찰 거예요.

● 그리스도의 평강이 너희 마음을 주장하게 하라.
  골로새서 3장 15절

61

하나님의 자랑　　# 정체성

　너무 예뻐서 당장 다른 사람들에게 자랑하고 싶은 무언가를 만들어 본 적이
있나요? 하나님은 그분이 만드신 모든 것을 그렇게 자랑스러워하세요.
　들판을 누비는 말을 예로 들어 볼까요? 하나님은 이렇게 말씀하세요.
"내가 만든 말이 얼마나 강한지 보이니?

갈기는 또 얼마나 멋들어지니? 바람을 가르며 달리는 모습을 보렴.
이렇게 멋진 말을 바로 내가 만들었다!"

　하나님은 말을 끔찍이 사랑하고 자랑스러워하세요. 한낱 말도 이렇게
사랑하시는데 우리는 얼마나 더 많이 사랑하실까요?

● 　내가 주를 찬양합니다. 주께서 나를 경이롭게, 멋지게 지으셨습니다.
　시편 139편 14절, 우리말성경

내가 살 곳은? # 정체성

　헤엄치는 물고기를 생각해 보세요. 쏜살같이 물살을
가르며 치고 나가는 모습이 감탄을 자아내죠. 물고기는
물에서 살도록 만들어졌어요. 물이 물고기의 자연적인
서식지예요. 물고기는 물에서만 살 수 있어요.
　성경은 우리가 하나님 안에서 살도록 지어졌다고 해요. 우리는
하나님께 사랑을 받고 하나님을 사랑해야 할 존재예요. 우리는
하나님 안에서만 살 수 있어요.
　하나님에게서 도망치는 것은 자유롭게 살 수 있는 환경을 떠나는
거예요. 행복이 싫다고 뿌리치고 도망치는 것이나 다름없죠.
　우리가 살 곳은 하나님의 마음 가까이라는 걸 꼭 기억해요.

예수께서 이르시되 …
수고하고 무거운 짐 진 자들아
다 내게로 오라
내가 너희를 쉬게 하리라.
마태복음 11장 25, 28절

물 밖으로 나온 물고기   # 자유

"물에서만 사는 건 너무 지겨워. 자유로워지고 싶어!"

어느 날 물고기가 그렇게 결심하고는 높이 뛰어올라 강둑 위로 툭 떨어진다면?

이 어리석은 물고기는 죽지 않고 얼마나 버틸 수 있을까요?

몸을 꿈틀거리고 지느러미를 팔딱거려 봐야 땅 위에서는 통하지 않아요. 헐떡거리다가 금방 숨을 거두고 말 거예요.

물고기는 땅 위에서 얼마나 자유로울까요?

전혀 자유롭지 못해요.

물고기는 땅에서 살도록 만들어지지 않았으니까요.

우리도 하늘 아버지를 떠나 살도록 만들어지지 않았어요.

● 그러므로 아들이 너희를 자유롭게 하면
  너희가 참으로 자유로우리라.
  요한복음 8장 36절

승리의 소식, 좋은 소식   # 복음

옛날에는 사람들이 전쟁에서 승리했다는 소식을
어떻게 들었을까요? 전령이 나팔을 불어 그 좋은
소식을 전했어요.

좋은 소식을 들으면 기쁨으로 우리 가슴이
벅차오르죠. 그런데 성경은 예수님의 삶에 관한
이야기를 '전령이 전하는 승리와 같은 좋은 소식'
이라고 말해요.

왜 그럴까요? 예수님이 우리를 하나님께로 다시
데려가기 위해 놀라운 일을 행하셨기 때문이에요.
예수님의 이야기는 우리를 구원하실 분이 오셨다는
이야기예요! 우리가 전쟁에서 이겼다는 소식이에요!

● 내가 온 백성에게 미칠 큰 기쁨의 좋은 소식을
   너희에게 전하노라 … 구주가 나셨으니.
   누가복음 2장 10-11절

나쁜 생각이 떠오를 때   # 유혹

가끔 난데없이 나쁜 생각이 떠오르곤 하죠? 그러면 나쁜 생각이 떠오르는 게 죄일까요?

예수님이 광야에서 시험을 받으실 때 사탄은 예수님을 하나님에게서 멀어지게 만들려고 나쁜 생각을 속삭였어요.

중요한 것은 생각이 아니에요. 그 생각으로 우리가 무엇을 하느냐가 중요해요. 예수님은 그런 나쁜 생각에 귀를 기울이시지 않았답니다. 예수님은 사탄의 거짓말을 믿지 않으셨어요. 예수님은 나쁜 생각을 즉시 떨쳐 버리셨죠.

새가 우리 머리 위에 날아와 앉는 것은 어쩔 수 없지만, 새가 우리 머리 위에 둥지를 틀게 놔둬서는 안 된다는 속담도 있어요.

● 우리는 … 모든 생각을 사로잡아서,
그리스도께 복종시킵니다.
고린도후서 10장 4-5절, 새번역

우리 하나님을 소개합니다!　　# 공의　# 사랑

　방송에서 사회적으로 영향력이 크고 중요한 인물을 소개할 때
보통 어떤가요? 온갖 화려한 수식어를 쓰죠?
　그럼 우리 하나님은 자신이 어떻게 소개되기를 원하실까요?

● 　그의 이름은 여호와이시니 …
　　고아의 아버지시며 과부의 재판장이시라.
　　시편 68편 4-5절

　지금도 손가락으로 하늘의 수많은 별들을 그분 뜻대로
움직이시는 전능하신 하나님이 왕이나 세상 권력자들의 편이
아닌 약하고 힘없고 가난한 사람들 편에 서 계세요.
　아무도 대단하게 생각하지 않는 사람들이 하나님께는 더없이
특별한 존재들이에요. 하나님은 약한 사람들의 울부짖음에 귀를
기울이신답니다. 그들을 위해 나서서 싸우시고 그들을 변호해
주시죠.
　그뿐만이 아니에요. 아주 오래전 어느 밤 아예 하늘에서
베들레헴이라는 마을로 직접 내려와 약하고 가난한 사람들
가운데 한 사람이 되셨어요!

하나님은 바쁘시니까?   # 기도

하나님을 귀찮게 해서는 안 된다고 생각하나요?
정신없이 바쁘신 하나님을 우리의 사소한 문제로
괴롭혀서는 안 되는 걸까요?

예수님은 아빠를 찾아가는 아이처럼 하나님을
찾아가라고 말씀하셨어요.

두려운가요? 고민거리가 있나요? 좋은 일이 있나요?
슬픈가요? 뭐든 상관없어요. 하나님은 무슨 이야기든
좋으니 들고 찾아오라고 말씀하세요.

시시콜콜한 문제로 하나님께 폐를 끼치면 안 된다고
말하는 사람들도 있어요. 하지만 뭐가 정말로 하나님을
괴롭히는 것인 줄 아나요?

바로 우리가 전혀 하나님을 찾지 않는 거예요.

● 네가 부를 때에는 나 여호와가 응답하겠고
　네가 부르짖을 때에는 내가 여기 있다 하리라.
　이사야 58장 9절

하나님의 발사대

능력

로켓이 하늘 위로 날아가 우주를
관찰하려면 무엇이 필요할까요?
그래요, 발사대가 필요하겠죠?
그렇다면 우리 삶에서 하나님의
발사대는 뭘까요? 하나님이 우리
삶에서 어떤 일을 하시려면 무엇이
필요할까요? 이대한 믿음? 완벽한 인생
성적표? 엄청난 용기?
아니에요.

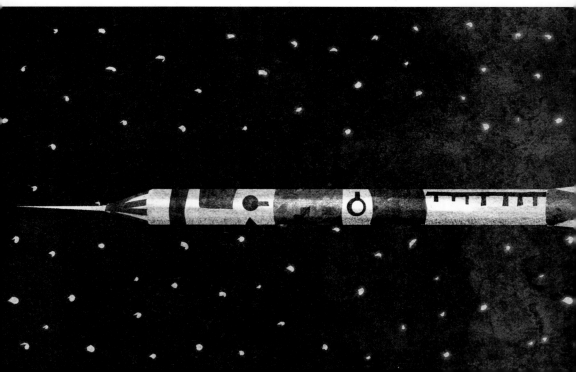

하나님의 발사대는 바로 우리의 약함이에요. 하나님의 강한 능력은 우리의 작음에, 우리의 망가짐에, 무언가를 알지 못하고 무언가를 할 수도 없는 우리의 연약함에 임해요. 하나님의 강한 능력이 우리의 약함과 만나면? 그럴 때 바로, 발사!

● 내 은혜가 너에게 충분하다.
내 능력은 약함 대서 완전해진다.
고린도후서 12장 9절 현대인의성경

기대고 의지해도 돼요   # 믿음

아주 어릴 적 엄마나 아빠 혹은 어른의 등에 업혀 본 적이
있죠? 그 품에 푹 안겨서 어깨에 머리를 기댄 기억이 나나요?
믿음은 그렇게 하나님께 온몸을 맡기는 거예요.
믿음은 하나님의 어깨에 머리를 기대는 거예요.
믿음은 내 힘이나 내가 알고 있는 것을 의지하지 않는
거예요.
믿음은 하나님이 해 주신 일을 믿는 거예요.
하나님이 우리에게 무엇을 해 주셨냐고요?
모든 것.
그분은 우리에게 모든 것을 해 주셨어요.

● 하나님이 우리를 사랑하시는 사랑을
　우리가 알고 믿었노니.
　요한일서 4장 16절

아무 이유 없이 그냥   # 사랑

당신도 이유 없이 좋은 사람이 있지 않나요?

하나님은 그렇게 이유 없이 우리를 사랑하세요.

하나님은 우리가 말을 잘 듣거나 무언가를 잘하거나

그분께 도움이 돼서 우리를 사랑하시는 것이 아니에요.

심지어 우리가 하나님을 사랑해서 우리를 사랑하시는 것도

아니에요.

하나님은 아무 이유 없이 그냥 우리를 사랑하세요.

우리가 말을 잘 들어서 하나님이 사랑하시는 거라면

우리가 말을 안 들으면 더 이상 사랑하시지 않겠죠? 우리가

하나님을 사랑해서 하나님이 우리를 사랑하시는 거라면

우리의 사랑이 식는 동시에 하나님의 사랑도 식겠죠?

하지만 하나님은 아무 이유 없이 그냥 우리를 사랑하세요!

● 우리가 사랑받을 만해서
   하나님이 우리를 사랑하시는 것이 아닙니다.
   하나님은 그냥 우리를 사랑하십니다.
   신명기 7장 7-8절, 쉽게 풀어 씀

내 영혼의 구명 뗏목 Life raft   # 고난

되는 일이 하나도 없는 것만 같나요?

일이 뜻대로 안 되면 우리는 의심을 품기 시작해요.
'하나님은 내가 어떻게 되든 신경도 안 쓰시는 건가? 혹시
하나님은 아무 힘도 없으신 게 아닌가?'

그럴 줄 알고서 하나님은 우리에게 다음과 같은 약속을
주셨어요. 이 약속은 폭풍우를 안전하게 뚫고 나가게 해 주는
구명 뗏목과도 같아요.

"나는 너를 괴롭히려는 것이 아니야.

너를 위해 좋은 계획과 밝은 미래를 마련해 놓았어.

나는 너를 위해 정말로 좋은 것을 계획했단다."

당장 우리 눈에 보이는 것이 전부는 아니에요.

하나님은 언제나 더 크고 좋은 선물을 준비해 놓고 계세요.

● 너희를 위한 나의 계획은 내가 알고 있다.
  그것은 너희에게 재앙을 주려는 것이 아니라
  번영을 주고 너희에게 미래와 희망을 주려는 계획이다.
  예레미야 29장 11절, 현대인의 성경

내 느낌 < 하나님   # 시험

흐린 날에는 별들이 보이지 않죠? 먹구름이 심하게 낀 날에는 가까운 산마저 시야에서 사라져 버리기도 해요. 그럴 때면 갑자기 별들이 더 이상 빛나지 않고 늘 그 자리에 있던 산도 없어져 버린 것만 같아요.

정말로 산이 다른 데로 옮겨진 걸까요?

별이 빛나기를 멈춰 버린 걸까요?

그렇지 않아요. 단지 구름 뒤로 숨었을 뿐이에요.

　우리의 느낌은 이런 구름과 같을 수 있어요. 우리 눈을 가려
버려요. 그 느낌들이 우리에게 '하나님은 나한테 신경도 쓰시지 않아'
혹은 '하나님은 나에게서 한없이 멀리 계셔'라고 말하죠.
　에이미 카마이클이라는 작가는 우리의 느낌이 하나님에 관한
사실을 바꿀 수 없다는 말을 했어요. 우리의 느낌은 수시로 변하죠.
하지만 하나님은 항상 변함이 없으세요. 하나님의 약속들은 여전히
환하게 빛나고 있답니다.

● 하나님은 우리 느낌보다 크십니다.
요한일서 3장 20절, NLT

도토리 한 알의 잠재력   # 능력

    도토리는 아주 작아요. 약하고 하찮아 보이죠.
    하지만 그 도토리 한 알에서 거대한 참나무가
솟아난답니다. 그리고 참나무 한 그루에서 거대한
숲이 시작될 수도 있어요! 도토리 한 알 안에 거대한
숲 전체가 담겨 있는 셈이죠.
    그런데 성경은 '예수님' 덕분에 하나님의 모든 부와
하늘의 모든 자원, 우주의 모든 힘이 우리 안에서
살아 숨 쉬고 있다고 말해요.

● 하나님의 영광의 권능에서 오는
   모든 능력으로 강하게 되어서.
   골로새서 1장 11절, 새번역

이미… 하지만 아직은!　　# 인생　# 영생

　우리는 '이미'와 '아직' 사이에서 살고 있어요.

　예수님은 우리가 죄로 인해 받아야 할 벌을 '이미' 없애
주셨어요. 우리는 '이미' 용서받고 자유로워졌어요!

　하지만 세상은 '아직' 망가져 있어요. 우리는 '아직도' 죄를
지어요. 우리는 '아직' 죽을 수밖에 없는 존재예요. 세상은 '아직'
원래 모습대로 회복되지 않았어요.

　아직은 아니지만 언젠가 예수님이 돌아오실 거예요. 이번에는
아기가 아니라 온 세상의 왕으로 오세요. 그때 이 망가진 세상을
고쳐 주신답니다. 그렇게 되면 더 이상 눈물이나 병, 죽음은
없을 거예요. 그때 나무들도 기뻐서 노래를 부를 거예요.

　그 날을 기다리는 동안 우리는 죄와 병, 눈물, 죽음이
영원하지는 않다는 사실을 늘 기억해야 해요.

　그 모든 것이 끝날 날이 와요.

　하지만 기쁨과 사랑, 생명 그리고 우리의 존재는 영원해요!

● 밤이 깊고 낮이 가까웠으니.
　로마서 13장 12절

무엇을 상상하든 그 이상 # 회복 # 비전

성경은 세상의 끝이 오면 하나님이 돌아오셔서
이 세상을 본래 모습으로 회복시켜 주신다고 말해요. 그렇게
되면 사자가 어린양 옆에 사이좋게 누워 놀게 될 거예요.

'잠깐! 그건 불가능해! 사자가 어린양을 잡아먹고 말 거야!'

하지만 하나님은 세상이 다시 완벽해지면 불가능한 일도
가능해진다고 말씀하세요.

하나님은 이 망가짐과 고통과 슬픔의 세상을 바로잡고
계세요. 하나님은 세상을 해피엔딩으로 마무리할 계획을
가지고 계세요. 그러면 우리가 우리 자신에 대해 품었던
온갖 꿈은 어떻게 될까요? 그 모든 꿈은 하나님이 그분의
자녀들에 대해 품으신 놀라운 꿈의 그림자에 불과하답니다.

● 모든 피조물이 장차 올 그 날을 애타게 기다리고 있습니다.
로마서 8장 19절, NLT

절대적 확신 # 소망

보통 우리는 '소망'이라는 단어를 '확신할 수는 없지만 그렇게 되기를 바란다'는 뜻으로 사용해요.

하지만 성경에서 '소망'을 말할 때는 어떤 일이 일어날 거라고 '절대적으로 확신한다'는 뜻이에요.

설교자 조나단 에드워즈는 예수님을 믿는 사람들에게는 세 가지 소망이 있다고 말했어요.

1 하나님이 우리 삶에서 일어나는 나쁜 일도 결국 좋게 바꿔 주신다는 소망.

2 우리의 좋은 것을 누구도 빼앗아 갈 수 없다는 소망.

3 가장 좋은 것이 다가오고 있다는 소망.

물론 지금 우리 삶이 마냥 행복하기만 한 건 아니에요. 하지만 하나님은 우리를 위해 해피엔딩을 만들어 가고 계세요.

● 소망을 주시는 하나님께서,
  믿음에서 오는 모든 기쁨과 평화를 여러분에게 충만하게 주셔서,
  성령의 능력으로, 소망이 여러분에게 차고 넘치기를 바랍니다.
  로마서 15장 13절, 새번역

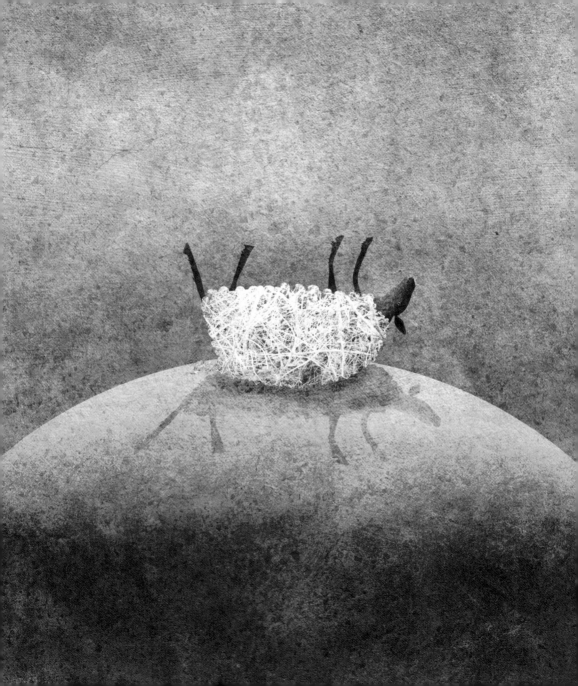

혼자 살아갈 수 없는 존재 # 목자

성경은 인간과 가장 많이 닮은 동물이 양이라고 말해요.
성경 곳곳에서 무려 400번이나 사람을 양과 비교하죠.

그런데 양은 전혀 똑똑하지 않아요. 우스울 만큼
판단력이 흐려요. 벌러덩 뒤집어지면 혼자 힘으로 일어설
수도 없는 동물이죠. 한번 넘어지면 평생 그대로 누워
있어야 해요.

녀석들은 툭하면 벼랑 아래로 굴러떨어져요. 자꾸만
위험한 곳에 가서 다치기 일쑤죠. 조심성 없이 독이 있는
음식도 막 먹고요. 한눈을 팔다가 길을 잃어버리기도
잘하죠. 자기가 사는 우리가 저 앞에 빤히 보이는데도 혼자
찾아가지 못한답니다.

한마디로 양은 혼자서는 절대 살아가지 못하는
동물이에요. 그래서 목자가 반드시 필요해요.

하나님은 우리도 혼자 살아갈 수 없다고 말씀하세요.
우리에게도 목자가 반드시 필요해요. 그래서 하나님이
우리에게 목자 예수님을 주셨답니다.

● 그는 목자처럼 자기 양 떼를 보살피시며
  어린양들을 자기 팔로 모아.
  이사야 40장 11절, 현대인의성경

하나님의 마음 가까이로

목자가 잃어버린 양을 찾았다고 끝이 아니에요.
양은 목자를 따라가지 않으려고 발버둥을 치거든요.
그래서 목자가 양을 집으로 데려가려면 꽉 붙잡아서
억지로 바닥에 눕히고 네 다리를 묶어 어깨에
둘러메고 가야 해요.

불쌍한 양은 이해를 하지 못하죠. 납치를 당해
죽으러 간다고만 생각해요.

하지만 목자는 오히려 양을 살리려는 거예요.

우리는 하나님이 하시는 일을 이해하지 못할 때가
많아요. 심지어 하나님이 우리를 해치시려는 건
아닌가 하는 생각이 들 때도 있죠.

하지만 우리의 목자는 믿어도 좋아요. 우리를 정말
사랑하시거든요. 목자는 항상 우리를 하나님의 마음
가까이로 이끌고 계세요.

● 그는 … 어린양을
   그 팔로 모아 품에 안으시며.
   이사야 40장 11절

선한 목자 　　# 선하심

● [예수님이 말씀하셨다.] 나는 선한 목자라 …
  나는 양을 위하여 목숨을 버리노라.
  요한복음 10장 14-15절

작은 양아, 겁내지 말렴.

나는 너의 선한 목자란다.

너한테 필요한 모든 것을 다 해 줄게.

배에서 꼬르륵 소리가 나면

먹을 것을 입에 넣어 주고,

목이 마르면 물도 줄게.

피곤하면 편히 쉴 수 있도록

시원한 그늘 아래로 데려다줄게.

너를 구해 주고

보호해 줄 거야.

나는 너를 정말 사랑한단다.

하나님이 찾으신다! # 은혜

어느 날 예수님은 잃어버린 동전 한 닢을 찾기 위해 온 집 안을 구석구석 뒤집어엎은 한 여자에 관한 이야기를 해 주셨어요.

이 사람이 동전을 찾을 수 있도록 동전이 스스로 뭔가를 할 수 있을까요? 동전이 벌떡 일어나 주인을 찾아다닐 수 있을까요? 말도 안 되죠?

성경은 우리가 잃어버린 동전만큼이나 약하다고 말해요. 우리가 하나님을 찾을 수 있는 것은 하나님이 먼저 우리를 찾으셨기 때문이에요. 우리가 하나님을 믿게 된 것은 하나님이 우리 마음을 열어 주셨기 때문이에요.

우리가 하나님을 찾아서 찾은 것이 아니에요.

하나님이 우리를 찾아 주신 거예요.

● 우리가 사랑함은 그가 먼저 우리를 사랑하셨음이라.
요한일서 4장 19절

화살기도 Arrow Prayers   # 기도

내가 드리는 기도가 너무 짧은 것 같나요?

내 기도가 너무 평범한 것 같나요?

성경에는 더 이상 짧을 수 없을 만큼 짧은 기도가 많아요.

"하나님, 도와주세요!"

"주님, 구해 주세요!"

이렇게 재빨리 하나님께 쏘는 기도를 화살기도라고 해요.

한밤중에 거친 풍랑이 몰아칠 때 예수님은 바다(갈릴리호) 한가운데 있는 친구들을 보러 오셨어요. 그런데 어떻게 오신 줄 알아요? 글쎄, 물 위를 걸어서 오셨지 뭐예요! 그 장면을 보고 신이 난 베드로는 당장 따라하고 싶었어요. 그때 예수님이 "어서 해 봐"라고 말씀하셨어요.

베드로는 용기 있게 배 밖으로 나와 물 위를 걷기 시작했어요. 그런데 아래를 내려다보는 순간, 그만 발이 물속으로 가라앉았어요. 깜짝 놀란 베드로가 다급하게 소리를 질렀어요. "주님, 구해 주세요!"

그 즉시 예수님은 베드로를 붙잡아 주셨어요.

혹시 오늘 드린 기도가 너무 짧아서 기도 같지도 않게 느껴졌나요?

걱정하지 않아도 돼요. 하나님은 기도의 길이에 상관없이, 그분을 향해 전심으로 드리는 우리의 기도를 들으세요.

● 소리 질러 이르되 주여 나를 구원하소서 하니.
  마태복음 14장 30절

내 마음이 노래하게 하기 위해 # 찬송

별, 산, 강아지, 꽃, 세상 어느 것 하나 하나님이 계획하고 설계하지 않으신 것이 없어요. 그리고 그 목적은 모두 하나예요.

바로, 우리 마음이 노래하게 하기 위해서!

설교자 장 칼뱅은 이런 말을 했어요.

"풀잎 하나 색깔 하나까지, 이 세상에 우리를 기쁘게 하기 위해 만들어지지 않은 것은 하나도 없다."

● 우리는 평생 즐겁게 노래할 것입니다.
  시편 90편 14절, 쉽게 풀어 씀

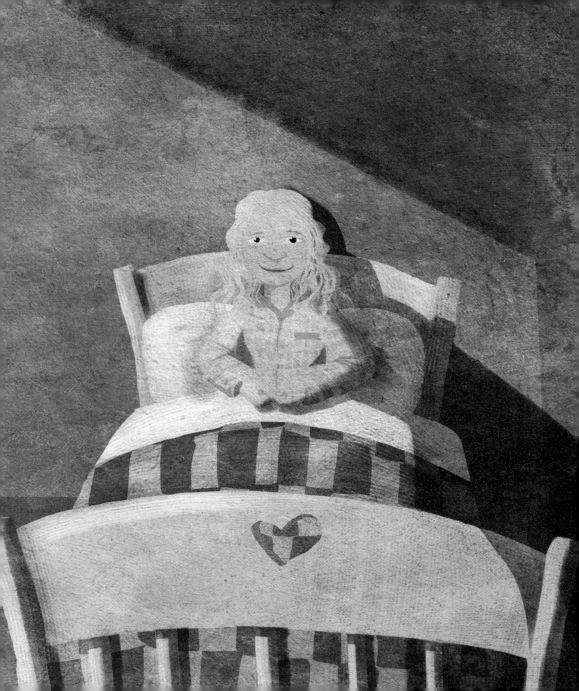

잠깐 자다가 깨어나는 것 # 죽음 # 부활

하나님은 우리를 영원히 살도록 지으셨어요. 하지만 죄가
모든 것을 망가뜨리는 바람에 이제는 모든 사람이 꼼짝없이
죽음을 맞이하게 되었어요.

예수님은 이 죽음을 무너뜨리려고 오셨어요. 예수님은
십자가에서 죽어 무덤에 묻히셨지만 죽음은 예수님을 죽은
채로 붙잡아 둘 수 없었어요. 3일 만에 예수님은 무덤을
박차고 나오셨죠!

그래서 이제 죽음은 우리도 죽은 채로 붙잡아 둘 수
없어요.

설교자 찰스 스펄전은 예수님이 우리의 '무덤'을 '침대'로,
'죽는 것'을 '잠깐 자다가 깨어나는 것'으로 바꾸셨다고
말했어요.

우리는 여전히 언젠가 죽을 수밖에 없는 존재예요. 하지만
그 뒤에는 간밤에 푹 자고 일어나는 것처럼 기지개를 펴며
다시 눈을 뜰 거예요. 그때 예수님이 우리 손을 잡고 영원한
삶으로 인도해 주실 거랍니다.

● 예수께서 이르시되 나는 부활이요 생명이니
나를 믿는 자는 죽어도 살겠고.
요한복음 11장 25절

하나님 손안에 담긴 세상   # 주권

넘실거리는 바다는 끝을 알 수 없을 만큼 넓고 깊죠!
바다는 아주 넓어서 지구 표면의 거의 3분의 1을 뒤덮고
있어요. 바다의 바닥은 너무 깊어서 햇빛조차 이르지 못할
정도예요.

그런데 성경은 이렇게 드넓은 바다가 하나님 손바닥 안에
있다고 말해요.

바다를 손바닥 안에 두실 수 있는 하나님이시라면 우리도
얼마든지 그분 손안에 있겠죠?

● 땅의 깊은 곳도 그 손안에 있고,
  산의 높은 꼭대기도 그의 것이다.
  시편 95편 4절, 새번역

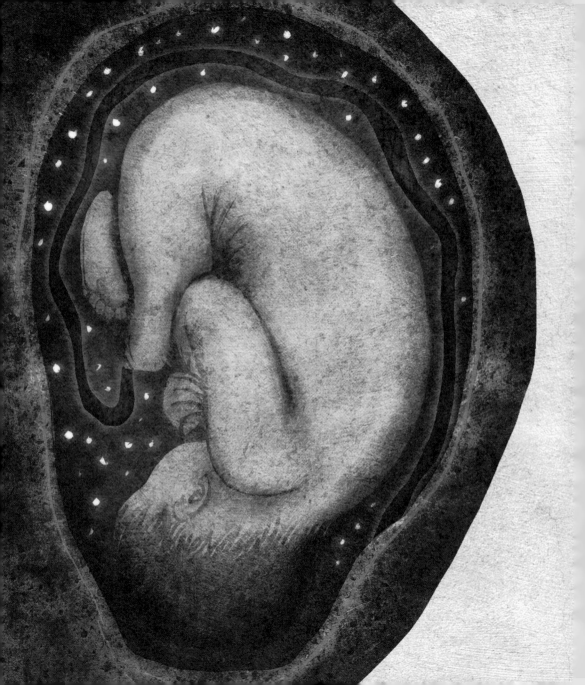

우연이 아니야 # 창조주 # 섭리

우리는 어쩌다 보니 이 땅으로 흘러든 걸까요? 우리가 태어난 것이 우연일까요?

성경은 우리가 태어난 것이 실수도 우연도 아니라고 말해요. 아주 특별한 계획이 있었답니다!

하나님은 우리가 이 땅에서 살기를 원하셨어요. 하나님께는 우리를 지금 이곳에 두어야 하는 분명한 이유가 있었어요. 그분께는 우리를 위한 놀라운 계획이 있기 때문이에요. 그래서 우리 각자에게는 자기만이 할 수 있는 무언가가 있어요.

우리의 눈동자 색깔이며 이름, 우리가 좋아하는 것, 우리의 행동 하나까지 우리에 관한 모든 것을 하나님은 세상이 생기기 전부터 알고 계셨어요.

우리가 태어나기도 전에 하나님은 우리를 사랑하셨어요. 우리의 존재는 하나님의 마음속에서 시작되었답니다.

우리는 하나님의 것이에요. 하나님이 만드셨어요. 하나님을 위해 만드셨어요.

● 내 형질이 이루어지기 전에 주의 눈이 보셨으며
  나를 위하여 정한 날이 하루도 되기 전에
  주의 책에 다 기록이 되었나이다.
  시편 139편 16절

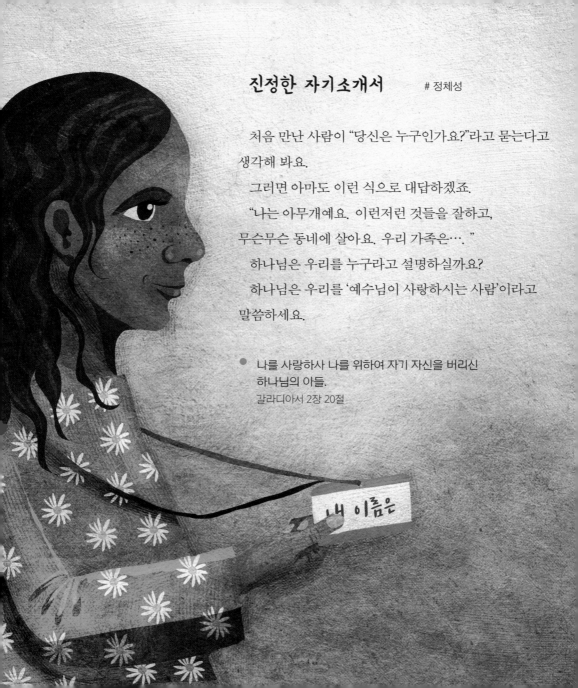

진정한 자기소개서   # 정체성

처음 만난 사람이 "당신은 누구인가요?"라고 묻는다고 생각해 봐요.

그러면 아마도 이런 식으로 대답하겠죠.

"나는 아무개예요. 이런저런 것들을 잘하고, 무슨무슨 동네에 살아요. 우리 가족은⋯."

하나님은 우리를 누구라고 설명하실까요?

하나님은 우리를 '예수님이 사랑하시는 사람'이라고 말씀하세요.

● 나를 사랑하사 나를 위하여 자기 자신을 버리신 하나님의 아들.
  갈라디아서 2장 20절

내 이름은

지금 모습 그대로   # 자존감

혹시 예수님께 사랑을 받기에는 자신이 너무 못났다고
생각하나요?

빅토르 위고는 《노트르담의 꼽추 *The Hunchback of Notre
Dame*》라는 유명한 이야기를 썼어요. 외모가 너무 추해서
종탑에 숨어 사는 콰지모도라는 사람에 관한 이야기예요.
콰지모도는 사람들이 못난 자신을 보면 구역질을 할 거라고
생각했어요.

하지만 우리는 불쌍한 콰지모도처럼 살 필요가 없어요.

예수님은 우리를 어두운 그늘에서 구해 내시려고
이 땅에 오셨어요. 예수님은 우리를 지금 모습 그대로
사랑하신답니다.

그러니 지금 모습 그대로 예수님의 사랑을 받아들여요.

● 나를 살피시는 하나님.
  창세기 16장 13절

115

한 사람의 고귀한 선택 # 대속

제2차 세계 대전 때 전쟁 포로들이 철도를 놓고 있었어요.
그런데 어느 날 하루 일을 마치고 삽의 수를 셌는데 삽 한
자루가 모자란 거예요. 간수는 불같이 화를 냈어요.

간수는 포로들에게 삽을 훔친 사람이 자수할 때까지
서 있으라고 고함을 질렀어요. 하지만 아무도 자신이
범인이라고 나서지 않았죠. 화가 난 간수는 범인이
자수하지 않으면 포로들을 전부 죽이겠다고 협박했어요.

그 순간 한 사람이 앞으로 나와 자신이 삽을 훔쳤다고
고백했어요. 그리고 간수는 그 사람을 무참하게 죽였어요.

그런데 나중에 삽을 다시 세니 삽이 없어진 게
아니었어요. 죄 없는 한 사람이 거기 있던 다른 모든
사람들을 구하기 위해 자기 목숨을 내놓았던 거예요.

2천 년 전에도 죄 없는 한 분이 우리를 구하시려 자신의
목숨을 내놓으셨어요.

● 사람이 친구를 위하여 자기 목숨을 버리면
이보다 더 큰 사랑이 없나니.
요한복음 15장 13절

116

구속받았어요! redeemed   # 구속

성경은 죄가 우리를 지배하고 있으며, 우리가 죄의
노예라고 말해요. 죄는 우리가 가진 잠재력을 어떤
면에서든 완벽히 이루지 못하도록 우리의 발목을
잡고 있어요. 죄가 우리에게서 자유를 빼앗아 갔고
우리 마음은 사슬에 묶여 있어요.

노예는 어떻게 해야 자유로워질까요? 누군가가
그를 '구속'해 주면 돼요. '구속'이란 노예를 값을
치르고 사서 풀어 준다는 뜻이에요.

성경은 예수님이 우리를 죄의 노예 상태에서
구속해 주셨다고 말해요. 예수님이 값을 치르고
우리를 되찾아 주셨어요.

그런데 그 값이 무엇이었을까요?

바로 예수님 자신의 목숨이에요.

● 인자는 … 많은 사람을 구원하기 위하여 치를 몸값으로
자기 목숨을 내주러 왔다.
마가복음 10장 45절, 새번역

119

참자유를 누리는 삶

우리는 죄의 노예였어요. 하지만 예수님이 값을 치르고 우리에게 자유를 주셨어요. 그래서 이제 우리는 자유로워졌어요!

잠깐! 그러면 이제 뭐든 우리 마음대로 할 수 있나요?

미국 남북전쟁 때 한 북부 사람이 노예 경매에서 어린 노예 소녀를 샀어요. 그리고 경매가 끝나자 그 사람은 소녀를 향해 말했어요.

"자, 이제 너는 자유란다!"

소녀는 어리둥절한 표정을 지었어요.

"뭐든 제가 원하는 대로 해도 된다는 뜻인가요?"

"그래."

"제가 하고 싶은 말을 해도 된다고요?"

"그럼."

"제가 되고 싶은 것이 되어도 된다고요?"

"물론이지."

"어디든 제가 가고 싶은 곳으로 가도 되고요?"

그 사람은 인자하게 웃음을 지으며 답했어요.

"그래! 이제 어디든 네가 가고 싶은 곳으로 가렴."

그러자 자유를 얻은 소녀는 그를 뚫어져라 쳐다보며 말했어요.

"그러면 전 아저씨를 따라가겠어요!"

● [예수님이 말씀하셨다.] 이제부터는 너희를 종이라 하지 아니하리니 …
　너희를 친구라 하였노니.
　요한복음 15장 15절

after Piero della Francesco

다 이루었다!　　# 공의　# 사랑

예수님은 돌아가시기 직전에 십자가 위에서 외치셨어요.
"다 이루었다!"
무엇을 다 이루셨다는 걸까요?
우리를 하나님께로 다시 데려가는 데 필요한 모든 일을,
우리를 자유롭고 행복하게 만드는 데 필요한 모든 일을,
우리가 영원히 사는 데 필요한 모든 일을,
예수님이 다 이루셨어요!
이건 패배의 외침이 아니었어요. 승리의 외침이었죠.
우리를 구하기 위한 위대한 구조 작전이 완성되었으니까요.
　이제 하나님의 사랑을 더 받기 위해 우리가 할 수 있는 일은
아무것도 없어요. 또 우리가 무슨 짓을 한다 해도 이제 우리를
향한 하나님의 사랑은 조금도 약해지지 않아요.
　예수님이 다 이루셨어요!

● 말로 다 형언할 수 없는 선물을 주시는 하나님께 감사합니다.
　고린도후서 9장 15절, 새번역

거꾸로 복음

하나님_나라

우리를 구해 주신 하나님의 나라는 '거꾸로 나라'예요.

예수님은 가장 큰 자가 되려면 가장 작은 자가 되어야 하고, 자기 목숨을 건지려면 자기 목숨을 내놓아야 한다고 말씀하셨어요.

예수님은 부잣집에 태어나시지 않았어요. 예수님은 가난한 사람으로 세상에 오셨어요.

예수님은 권력을 잡은 장군으로 오시지 않고 연약한 아기의 몸을 입고 오셨어요.

예수님은 모든 사람의 우두머리가 아니라 종으로 오셨어요.

전혀 왕자처럼 보이지 않는 하나님의 왕자는 전투 한 번 치르지 않고 온 세상을 정복하셨어요!

● 그러나 하나님께서는 … 강한 것들을 부끄럽게 하시려고
세상의 약한 것들을 택하셨습니다.
고린도전서 1장 27절, 우리말성경

저를 변화시켜 주세요   # 회개 # 성화

　나처럼 엉망으로 살던 사람이 어떻게 하나님 앞에 나아갈 수 있냐고 묻는 사람들이 있어요.

　성경에 나오는 위인 가운데 모세, 다윗왕, 사도 바울을 기억하나요? 이 사람들의 공통점이 뭐였을까요?

　기다란 턱수염? 음, 맞아요. 성경 시대에는 다들 수염을 길게 길렀으니까요. 그것 말고 또 뭐가 있을까요?

　이 사람들은 항상 착하게만 살았을까요? 아니에요.

　항상 용감하게만 굴었을까요? 전혀 아니에요.

　심지어 이 사람들은 다 살인자였어요.

　하나님이 이토록 극악무도한 죄인들도 변화시키셨다면, 하나님이 모세를 위대한 리더로, 다윗을 위대한 왕으로, 바울을 위대한 설교자로 변화시키실 수 있었다면 우리도 얼마든지 변화시키실 수 있지 않겠어요?

● [예수님이 말씀하셨다.] 내가 의인을 부르러 온 것이 아니요 죄인을 불러 회개시키러 왔노라.
누가복음 5장 32절

아버지의 믿음 # 믿음

자신의 믿음이 충분치 못할까 봐 걱정하는 사람들이 있어요.

여러분이 높은 산을 오르다가 발을 헛디뎠다고 상상해 보아요. 막 절벽

아래로 떨어지려는 순간, 나뭇가지 하나가 눈에 들어와요.

그 나뭇가지를 붙잡기 위해서 그가지가 여러분을 구해 줄 수 있다는

믿음이 필요한가요? 그런 것을 따질 겨를이 어디 있겠어요. 무조건 그냥

잡게 되어 있어요.

믿음은 그 나뭇가지를 잡는 것과 비슷해요. 다급해서 그냥 하나님을

향해 손을 뻗는 거예요. 그러면 하나님이 우리를 구해 주세요.

우리를 구해 주는 것은 우리의 강한 믿음이 아니라 강하신

하나님이에요. 우리 믿음 자체가 우리를 하나님에게서 떨어지지 않도록

붙들어 주는 게 아니에요. 하나님이 우리를 붙들어 주시는 거예요.

* 내가 믿나이다 나의 믿음 없는 것을 도와주소서.
마가복음 9장 24절

노력과 믿음 # 믿음

　마틴 로이드 존스 목사는 사람들에게 이런 질문을
던졌어요. "당신은 크리스천인가요?"

　그때 "크리스천이 되려고 노력하고 있어요!"라고
대답하는 사람은 뭘 모르는 사람이에요. 크리스천이
된다는 건 노력하는 것이 아니라 믿는 거예요.

　단, 내가 뭔가를 할 수 있다고 믿는 것이 아니라 하나님이
해 주신 일을 믿는 거죠. 그리고 하나님은 '모든 것'을 해
주셨어요!

[예수님은] 영접하는 자 곧
그 이름을 믿는 자들에게는
하나님의 자녀가 되는 권세를 주셨으니.
요한복음 1장 12절

마음대로 살고 싶나요? # 순종

노새는 주인을 따라가는 걸 지독히 싫어해요. 사람이 가까이 가기만 하면 기겁을 하며 도망치죠. 그래서 재갈을 물리고 고삐를 당겨 억지로 끌고 가야만 해요. 노새는 주인에게서 도망쳐 자기 맘대로 하려고만 해요.

하나님은 우리에게 이런 노새처럼 반항하고 도망치지 말라고 말씀하세요. 우리는 하나님 가까이 있도록 지음받은 존재예요. 하나님은 우리를 그분께 가까이 이끄시기 위해 하나뿐인 아들을 이 땅에 보내셨어요. 우리를 사랑하시기 위해 자신의 전부를 희생하셨어요.

그러니 더는 노새처럼 굴지 말아요. 고삐와 재갈로 억지로 끌려오는 노새가 되지 말아요.

하나님의 사랑을 받아들여요. 하나님이 가르쳐 주시는 대로 하고, 이끄시는 대로 따라가요. 하나님은 우리가 가야 할 길을 아시거든요.

● 너희는 무지한 말이나 노새같이 되지 말지어다
그것들은 재갈과 굴레로 단속하지 아니하면
너희에게 가까이 가지 아니하리로다.
시편 32편 9절

하나님의 처방전　# 문제　# 말씀

　지금 골치 아프고 어려운 어떤 문제가 있나요? 그렇다면 혹시 하나님께 모든 문제를 해결할 수 있는 처방전이 있다는 사실을 알고 있나요?

　코리 텐 붐은 제2차 세계 대전 때 유대인들을 구하기 위해 애쓰다가 강제수용소에 갇힌 사람이에요. 거기서 붐은 이런 글을 남겼죠.

　"당신의 문제에 하나님의 약속의 빛을 비추십시오!"

　하나님이 우리에게 무엇을 약속해 주셨나요?

　우리와 함께 있겠다고,

　항상 우리를 사랑하겠다고,

　파수꾼처럼 평강으로 우리의 마음을 지켜 주겠다고,

　우리보다 앞서 가며 우리를 인도해 주겠다고,

　우리의 뒤를 따르며 보호해 주겠다고,

　우리와 나란히 걸으며 친구가 되어 주겠다고 약속하셨어요.

　우리가 가진 유일한 진짜 문제는 우리 하나님이 얼마나 대단하신지를 잊어버리는 것 아닐까요?

● 하나님의 모든 약속은 참되다.
　시편 18편 30절, NLT

모든 것! 항상!   # 능력 # 소명

　하나님은 모세에게 애굽(이집트)의 최고 권력자 바로를 찾아가라고
명령하셨어요. 하지만 모세는 수줍음도 심하고 말도 더듬거리는 자신이
그런 엄청난 일을 할 수 없다고 생각했어요. 여러분도 그런가요? 하나님이
시키시는 일을 할 능력이 없다고 생각하나요?

　잠깐! 누가 우리가 할 수 있는 일을 하라고 했나요?

　'하나님'이 모세를 위대한 리더로 변화시키셔서 그를 통해 세상을
바꾸셨어요!

　어떤 일 앞에서 도저히 엄두가 나지 않아 주저앉아 있나요?
내가 하기에는 너무 벅찬 일처럼 보이나요?

　그럴 줄 알고서 하나님이 우리에게 '모든 것'과 '항상'에 관한 약속을
주셨어요.

● 　내가 시키는 일을 모두 할 수 있도록
　너희에게 필요한 모든 것을 항상 보내 줄 것이다!
　고린도후서 9장 8절, 쉽게 풀어 씀

　내가 어떤 사람인지 혹은 무엇을 할 수 있는지는 중요하지 않아요.
중요한 건 그 일을 시키신 우리 하나님이 어떤 분이시고 무엇을 하실 수
있는지예요. 그리고 물론 하나님은 무엇이든 하실 수 있는 분이랍니다!
할렐루야!

애굽에서 먹던 파가 그리워! # 감사

하나님의 백성은 애굽에서 노예로 살았어요. 그래서
하나님이 그 사람들을 구해 주셨죠. 하나님은 바다를 갈라
길을 만드시고, 구름을 움직이시고 불기둥도 보내 주시면서
그들을 인도해 주셨어요. 마실 물이 없을 때는 바위에서 물이
터져 나오게도 하시고, 하늘에서 만나라는 음식도 비처럼 내려
주셨죠.

그런데도 그 사람들은 하나님을 믿지 못하고 계속 불평하는
소리만 했어요. "하나님은 우리를 미워하시는 게 분명해!"

하나님이 노예 생활에서 목숨을 구해 주셨더니 기껏 하는
말이 "하지만 나는 애굽에서 먹던 파가 그리워!"였죠(민수기 11장)

5절을 보세요).

　우리도 파 타령이나 하는 이 배은망덕한 사람들 같을
때가 너무 많아요. 바로 이런 것을 죄라고 해요. 우리가
가진 것이 하나도 빠짐없이 하나님의 선물이라는 사실을
잊으면 그게 바로 죄예요. 그래서 하나님은 항상 감사하라고
신신당부하셨어요.
　왜 하나님께 우리의 감사가 필요할까요?
　하나님께 필요한 것이 아니에요. 우리에게 필요한 거죠.
　감사해야 우리 마음에 기쁨이 가득해지거든요.

● 여호와께 감사하라 그는 선하시며 그의 인자하심이 영원함이로다.
　역대상 16장 34절

왜 걱정하나요?   # 근심 # 맡김

걱정을 하는 건 하나님보다 내가 더 잘 안다고
생각하는 거예요.
예수님은 하나님이 우리가 걱정하는 것을 원하시지
않는다고 알려 주셨어요. 그러고 나서 작은 새들을
보고 배우라고 말씀하셨죠.

> "울새가 참새에게 말했어요.
> '저 사람들은 왜 저렇게 걱정이 많고 호들갑을
> 떠는지 도무지 알 수가 없어.'
> 그 이야기에 참새가 울새에게 답했어요.
> '내 생각에는 우리처럼 잘 돌봐 주는 하늘
> 아버지가 없어서 그런 것 같아.'"
>
> - 엘리자베스 체니, 1859년

● 목숨을 위하여 무엇을 먹을까 무엇을 마실까
  몸을 위하여 무엇을 입을까 염려하지 말라 …
  공중의 새를 보라 심지도 않고 거두지도 않고
  창고에 모아들이지도 아니하되
  너희 하늘 아버지께서 기르시나니.
  마태복음 6장 25-26절

나를 향한 하나님의 생각   # 돌보심

무언가에 빠져서 하루 종일 그 생각만 해 본
적이 있나요? 성경은 하나님이 하루 종일 우리를
생각하신다고 말해요. 하나님이 우리에 관한 생각을
몇 번이나 하시는지 세려고 해도 셀 수가 없어요.
왜냐하면 그 수가 해변의 모래알보다도 많거든요.

그리고 우리에 관한 하나님의 생각은 언제나
우리를 위해서 무슨 좋은 것을 해 줄까 하는
것뿐이에요. 하나님은 우리에게 복을 주고 우리를
격려하고 강하게 하고 도와줄 방법을 밤낮없이
고민하고 계세요.

이렇게 사랑 많은 하늘 아버지가 계신데 뭐가
두려운가요?

● 하나님이여 주의 생각이 내게 어찌 그리 보배로우신지요
　그 수가 어찌 그리 많은지요
　내가 세려고 할지라도 그 수가 모래보다 많도소이다.
　시편 139편 17-18절

위로자   # 성령

● [예수님이 말씀하셨다.] 내가 아버지께 구할 것이니
  아버지께서 너희에게 또 다른 보혜사[위로자]를 보내셔서.
  요한복음 14장 16절, 우리말성경

  하나님의 영, 성령님은 '위로자'라고 불려요. 혹시 '위로자'라는 말에
푹신하고 포근한 이불이 떠올랐나요?
  1066년에 만들어진 '바이외 직물 벽걸이Bayeux tapestry'에는 말 탄
기사 그림에 "병사들을 위로하는 오도 주교Bishop Odo"라는 제목이 붙어

있어요. 오도 주교가 병사들에게 푹신한 이불을 건네주고 있나요?
아니에요. 보세요! 오히려 뒤에서 막대기로 병사들을 재촉하고
있어요. 전혀 포근하거나 편안한 광경이 아니죠? 주교는 병사들이
포기하지 않고 계속해서 가도록 격려하고 재촉하고 있어요.

　성경에서 말하는 위로는 편안하게 해 준다는 뜻이 아니에요.
위로는 지원해 준다는 뜻이에요. 우리가 포기하고 싶을 때, 겁이 날 때
하나님은 위로자 성령님을 보내셔서 우리에게 꼭 필요한 힘과 용기를
주세요.

나에 관한 진실   # 정체성 # 소명

● 여호와의 사자가 … 이르되
　큰 용사여 여호와께서 너와 함께 계시도다.
　사사기 6장 12절

　큰 용사? 도대체 누굴 보고 하는 말일까요? 저기 포도주 틀
안에 숨어서 와들와들 떨고 있는 저 약골?

　그래요. 하나님은 그 겁쟁이를 가리키시면서 "저 사람이 이
일의 적임자다!"라고 말씀하셨어요.

　기드온은 이스라엘의 가장 작은 지파 중에서도 가장 작은
가문, 그 가운데서도 가장 막내였어요. 하나님은 왜 그런
사람을 선택하셨을까요? 전혀 크지도 용감하지도 않아 보이는
사람을 왜 '큰 용사'라고 부르셨을까요?

　하나님은 기도온의 '진짜 모습'을 보고 '진짜 이름'을 부르신
거예요. 결국 기드온은 그 이름에 걸맞은 엄청난 인물이
되었답니다.

　하나님은 우리 속에 있는 진짜 모습을 보실 뿐만 아니라 그
모습을 밖으로 꺼내 주세요.

하나님께 조르기   # 기도

하나님께 졸라도 될까요?

하나님을 귀찮게 해도 괜찮을까요?

하나님은 괜찮은 정도가 아니라 그렇게 해야만 한다고
말씀하세요.

하나님은 그분을 쉴 틈도 없이 귀찮게 하라고 말씀하세요.
하나님이 이런저런 일을 하셨고 이런저런 일을 해 준다고
하셨으니 약속대로 그렇게 해 달라고 계속해서 졸라야 해요.
하나님이 응답해 주실 때까지 계속해서요.

하나님은 그분께 큰 걸 요청하는 사람을 좋아하세요! 왜냐하면
하나님은 크신 왕이기 때문이에요. 그래서 엄청 크고 놀라운 일을
하길 좋아하시죠.

"큰 요청을 가지고 왕께 나아가라.
그분의 은혜와 능력은 너무나 커
감당 못하실 요청이 없네."

- 존 뉴턴

● 너희는, 가만히 있어서는 안 된다. [하나님께] 늘 상기시켜 드려야 한다.
… 주님께서 쉬시지 못하게 해야 한다.
이사야 62장 6-7절, 새번역

그 날을 기대해요! # 회복 # 비전

기린은 무려 50센티미터나 되는 긴 혀로 자기 귀를 씻을
수 있어요. 하마는 하품을 하는 게 아니에요. 새들에게
청소해 달라고 이빨을 보여 주는 거예요. 이 세상 모든
얼룩말은 저마다 줄무늬가 달라요.

지금 이 문장을 읽는 짧은 순간에도 우리 몸에서는 5만
개의 세포가 죽고, 동시에 5만 개의 세포가 새로 생겼어요.

우리는 정말 놀랍고 신기한 세상에서 살고 있어요! 그런데
성경은 이 놀라운 자연도 예수님이 다시 오셔서 새롭게
고치실 세상에 비하면 아무것도 아니라고 말해요.

예수님이 돌아오실 때 이토록 아름다운 세상이 아무것도
아닐 정도로 엄청난 세상이 된다면, 그 날에 우리는 얼마나
대단한 존재로 변하게 될까요?

● 산들과 언덕들이 너희 앞에서 노래를 발하고
　들의 모든 나무가 손뼉을 칠 것이며.
　이사야 55장 12절

151

챔피언의 상   # 인내 # 사명 # 사랑

● 챔피언이신 예수 … 그는 그를 기다리며 준비되어 있는 기쁨을 위해
  십자가를 참으셨습니다.
  히브리서 12장 2절, NLT

성경은 인생이 경주와 같다고 말해요. 그런데 이 경주를
완벽하게 마친 사람은 단 한 명뿐이라고 해요. 바로 예수님.
예수님은 인간으로 이 땅에 오셔서 인생이라는 경주를
열심히 하셨어요. 마음이 찢어지게 아플 때도 경주를 멈추지
않으셨어요. 달리고 또 달리셨죠. 그 경주의 끝이 십자가
앞인데도 예수님은 주저앉지 않으셨어요.
왜일까요? 상이 있었기 때문이에요. 저 끝에 기쁨이라는
상이 놓여 있었기 때문이에요.
도대체 어떤 기쁨이었을까요? 예수님은 하나님이시기
때문에 이미 모든 것을 갖고 계셨어요. 그런데 무엇이 더
필요하셨을까요? 하늘에 없는 기쁨이 뭐가 있었을까요? 도대체
예수님은 어떤 기쁨을 얻으려고 이 땅까지 내려오셨을까요?
십자가에서 죽어야만 얻을 수 있는 기쁨은 무엇이었을까요?
그 기쁨은 바로 '우리'예요. '우리'가 예수님의 상이에요.
우리가 예수님의 기쁨이에요. 바로 우리가 예수님이 이 땅으로
내려오시면서까지 받고자 하셨던 상급이에요.

작은 참새 한 마리까지도   # 돌보심

세상에 있는 9천 종류의 새 가운데 딱 한 종류의 새를 고른다면
무슨 새를 고르겠어요? 공작? 물총새? 아니면 다른 근사한 새?

우리 예수님은 그 가운데 가장 멋없고 흔하고 촐싹거리는
작은 새를 고르셨어요. 바로 참새예요. 예수님은 수많은 참새
가운데 어느 한 마리도 빠짐없이 하나님이 지으시고 돌보시고
사랑하신다고 말씀하셨어요.

끝없이 방대한 은하계와 별들을 지으신 하나님이 작은 참새 한
마리까지도 늘 눈여겨보신다고 말씀하세요.

하나님이 참새까지도 정성으로 돌보신다면 자녀인 우리는
얼마나 더 세심히 챙기시겠어요?

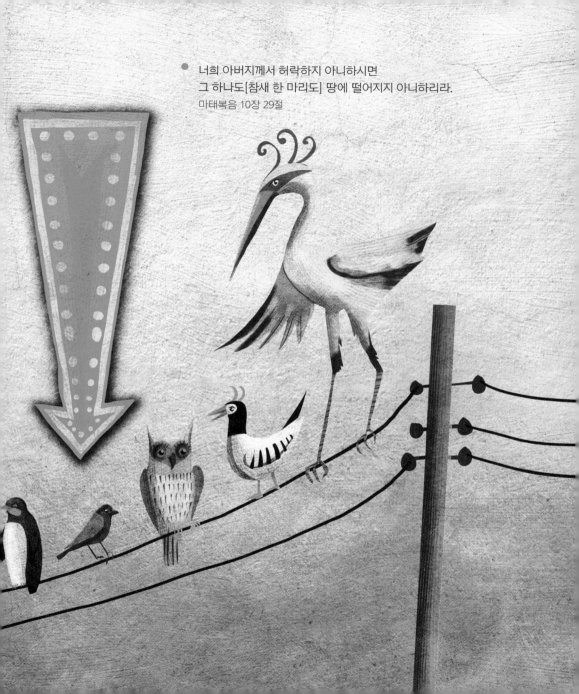

너희 아버지께서 허락하지 아니하시면
그 하나도[참새 한 마리도] 땅에 떨어지지 아니하리라.
마태복음 10장 29절

배가 오르는 계단   # 고난 # 섭리

   강에서 배가 (필요에 따라 사람들이 만들어 놓은) 수위가 다른
수면으로 이동해야 할 때 '갑실'이라는 걸 사용해요. 갑실은
배가 오르는 계단이라고 생각하면 편해요.

   먼저 배가 물을 가둔 갑실 안으로 들어가요. 그러면 그
안에서 수위가 점점 올라가 마침내 다음 공간의 수위와
같아져요. 그때 갑문이 열리고 배는 다음 공간으로
이동해요.

   그런데 배가 갑실 안으로 들어가면 다음 공간은 보이지
않아요. 그냥 사방이 막힌 것처럼 보일 뿐이죠.

   성경은 우리도 하나님이 우리 삶에서 하시는 일을 다
볼 수는 없다고 말해요. 하지만 사방이 막힌 듯 보이는

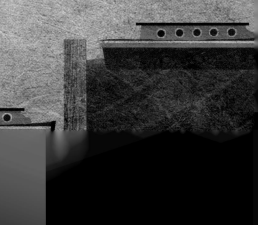

상황에서도 사실은 하나님이 우리를 들어 올리고
계신답니다.

하나님과 함께하는 사람에게 막다른 길이란 없어요.
막다른 길처럼 보이는 것도 사실은 새로운 시작이죠.

● 하나님을 사랑하는 자 곧 그의 뜻대로 부르심을 입은 자들에게는
모든 것이 합력하여 선을 이루느니라.
로마서 8장 28절

진짜 색깔 # 회복 # 비전

나뭇잎 색깔이 사실은 초록이 아니라는 것을 아나요? 단지 그렇게 보일 뿐이에요.

모든 나뭇잎에는 엽록소가 들어 있어요. 엽록소는 빛을 붙잡아서 나무를 위한 먹이로 바꾸는 초록 색소예요. 이 초록색이 나뭇잎의 진짜 색깔을 숨기는 거랍니다. 가을에는 나무가 엽록소를 덜 만들어 내요. 그래서 초록색이 사라지고 나뭇잎이 빨강과 노랑, 황금색 같은 진짜 색깔을 뽐내죠.

나뭇잎은 항상 그렇게 멋진 색깔들을 갖고 있어요. 단지 우리 눈에만 보이지 않을 뿐이에요.

성경은 우리도 우리의 진짜 색깔을 다 볼 수는 없다고 말해요. 하지만 언젠가 하나님이 이 망가진 세상을 완전히 고치시면 하나님이 우리에게 주신 진짜 색깔들이 찬란하게 반짝일 거예요.

● 모든 피조물이 장차 올 그 날을 애타게 기다리고 있습니다.
  로마서 8장 19절, NLT

안개 속의 레이더　　# 믿음

　비행기가 안개 속에서도 안전하게 비행할 수 있는
유일한 방법은 레이더를 믿는 거예요. 레이더는 분명히
존재하지만 너무 멀리 있거나 혹은 숨겨져 있어서 우리
눈으로는 볼 수 없는 것들을 알려 줘요.

　코리 텐 붐은 믿음이 안개 속을 꿰뚫어보는 레이더와
같다는 말을 했어요. 믿음은 우리 눈에 보이지는 않아도
분명히 존재하는 것들을 알려 주거든요.

　믿음은 우리 눈으로는 하나님을 볼 수 없지만
하나님이 분명히 살아 계시다는 것을 우리에게 알려
줘요.

● 믿음은 우리가 바라는 것들을 확신하고
　뭔가가 우리 눈에 보이지 않아도 분명히 존재함을
　안다는 뜻입니다.
　히브리서 11장 1절, NCV

가장 안전한 피난처 　# 보호

겁이 나나요? 두려운가요? 그러면 새끼 새들처럼 해 봐요!
위험 신호가 나타나자마자, 예를 들어서 폭풍이
몰아치거나 공중에서 독수리가 빙빙 날면 어미 새는 날개를
활짝 펴고 새끼들을 향해 울어요. 그러면 새끼 새들은 어미
새의 날개 아래로 곧장 달려오죠.

어미 새는 날개 아래에 새끼 한 마리 한 마리를 꼬옥 품어
줘요. 이제는 아무것도 새끼 새들을 건드릴 수 없어요.

우리에게도 이렇게 우리를 사랑하고 돌봐 주시는 하늘
아버지가 계세요. 하늘 아버지는 겁이 나면 빨리 달려오라고
말씀하세요. 아버지의 날개 아래로 들어가요! 가장 안전하게
보호받을 수 있답니다.

● 그가 너를 그의 깃으로 덮으시리니
　네가 그의 날개 아래에 피하리로다.
　시편 91편 4절

내 영혼을 향해 선포해요 # 불안 # 우울 # 소망

사람들이 우울해하는 이유는 주로 뭘까요?

마틴 로이드 존스는 우리가 우리 자신이 하는 말만 듣고 자신을 향해 말하지 않기 때문이라고 했어요.

아침에 눈을 뜨면 머릿속의 목소리가 우리에게 온갖 우울한 말을 해요. 어제 저지른 실수를 지적하며 윽박지르고, 내일 해야 할 일을 두고 대체 어떻게 할 거냐며 겁을 주죠. 그런 소리에 귀를 기울이면 온몸에 힘이 쭉 빠져요.

그럴 때는 더 큰소리로 맞서야 해요. 우리가 어떤 존재이고 하나님이 어떤 분이시며 어떤 놀라운 일을 하셨는지를 우리 자신에게 다시 알려 줘야 해요.

> 내 영혼아 네가 어찌하여 낙심하며
> 어찌하여 내 속에서 불안해하는가
> 너는 하나님께 소망을 두라.
> 시편 42편 11절

오늘 내 영혼이 쏟아 내는 말을 잠자코 듣기만 하고 있나요? 아니면 내 영혼을 향해 진리를 선포하고 있나요?

기초를 다지는 중 #고난 #섭리

내 삶에 좋은 일이 하나도 일어나지 않는 것만 같나요?

높은 건물을 세울 때 가장 먼저 무얼 하죠? 거대한 구멍을 파죠. 건설 현장은 오랫동안 계속 구멍으로만 남아 있고, 아무런 일도 일어나지 않는 것처럼 보여요.

하지만 그 건물을 짓는 사람들에게 물어보면 기초를 닦고 있다고 말할 거예요. 눈에 보이지 않는 기초는 건물이 무너지지 않게 붙잡아 주는 역할을 해요. 그래서 건물이 높을수록 더 깊이 파야 해요. 위로 올라가기 위해 아래로 파 내려가는 거예요.

성경은 하나님이 나쁜 일도 좋은 일을 위해 사용하신다고 말해요.

나쁜 일은 영원하지 않으며, 아름답고도 영원한 무언가를 짓기 위한 기초가 돼요.

하나님은 위로 올리시기 위해 아래로 깊이 파 내려가고
계세요.

• 지금 우리가 겪는 … 고난은 …
  영원하고 크나큰 영광을
  우리에게 이루어 줍니다.
  고린도후서 4장 17절, 새번역

하나님의 전술　　# 고난　# 찬송

　　여호사밧왕은 소스라치게 놀랐어요. 그럴 만도 했어요. 세 나라가 똘똘 뭉쳐 사방에서 공격해 왔으니까요. 성안의 백성도 불안에 떨었어요. 그래서 여호사밧은 어떻게 했을까요? 가장 강한 전사들을 보냈을까요? 병사들을 칼과 창으로 무장시켜 보냈을까요?

　　아니요, 여호사밧은 작은 찬양대를 보내 찬양을 부르게 했어요.

　　찬양대는 소리 높여 노래했어요.

　　"하나님께 감사하세! 하나님의 사랑은 끝이 없네!"

　　그러자 적군은 혼란에 빠져 갑자기 자기들끼리 싸우기 시작했고, 찬양대가 전쟁터에 도착했을 때는 이미 적의 병사는 단 한 명도 남아 있지 않았어요.

　　하나님의 백성이 찬송을 부르면 하나님의 마음이 움직여요. 그러면 하나님이 우리의 힘든 상황 속으로 출동하셔서 적들을 물리쳐 버리시죠.

　　혹시 지금 도저히 엄두가 나지 않는 일이 있나요?

　　자, 이제 어떻게 해야 할지 알겠죠?

● 그에게 노래하며 그를 찬양하며
　그의 모든 기이한 일들을 말할지어다.
　시편 105편 2절

깃발이 휘날리게 해요!   # 기쁨

왕이 성안에 있는지 어떻게 알까요? 깃발이 그 표시예요.
성 위로 깃발이 휘날리면 왕이 그곳에 있다는 것을
모두가 알 수 있어요.
성경은 예수님이 우리 마음속에 사시기 위해
들어오시면서 깃발을 갖고 오신다고 말해요. 이 깃발이
우리 삶에서 휘날리면 왕이 집에 계시다는 것을 모두가 알
수 있죠.
그러면 예수님의 깃발은 무엇일까요?
G. K. 체스터턴은 이것을 '크리스천의 거대한 비밀'이라고
불렀어요.
이것이 무엇일까요?
바로 '기쁨'이에요.

● 그곳에는 기쁨과 즐거움이 있고
감사함의 노랫소리가 그곳에 울려 퍼질 것이다.
이사야 51장 3절, 우리말성경

이는 힘으로 되지 아니하며
능력으로 되지 아니하고
오직 나의 영으로 되느니라.
스가랴 4장 6절

하나님의 셈법   # 맡김

하나님의 셈법을 아나요? 그분의 셈은 우리의 셈과는 완전히 달라요!
예를 들자면, 하나님의 셈법은 다음과 같아요.

    떡 다섯 덩이 + 물고기 두 마리 = 5천 명을 먹이고도 남는 음식
    잃은 양 한 마리 = 양 아흔아홉 마리만큼 귀한 존재

  기드온은 하나님 군대를 이끄는 대장이었어요. 그런데 하루는 하나님이
기드온에게 이상한 말씀을 하셨어요.
"3만 2천 명의 군대는 미디안 군대를 상대하기에는 너무 크다."
  군대는 클수록 좋은 거 아닌가요?
  하지만 하나님은 군대가 충분히 작아질 때까지 병사 수를 두 번이나
줄이셨어요. 충분히 작아질 때까지 병사 수를 줄이다니 이게 말이 되나요?
  하나님은 기드온의 군대를 이기게 하실 계획이셨지만 그 군대가
자신들의 힘이 아닌 하나님을 의지하기를 원하셨던 거예요.
  그렇게 해서 남은 기드온 군대의 병사는 겨우 300명이었어요. 미디안
군대에 비해 450 대 1로 적은 숫자였죠. 하지만 하나님의 셈법이 기억나나요?

    하나님 + 0 = 모든 것
    모든 것 - 하나님 = 0

오늘을 맡겨요

매일 아침 우리는 새로운 날을
맞이해요. 오늘 어떤 일이 벌어질지
아무도 모를까요? 아니에요.

하나님은 아세요.

이것이 하나님이 우리에게 두려워하지
말라고 말씀하시는 이유예요. 하나님은
오늘 우리에게 어떤 일이 어떻게
일어나고 무엇이 필요한지 다 아세요.

그래서 아침마다 우리는 하루를 하나님
손에 맡길 수 있어요. 오늘 하루를 위한
하나님의 계획이 펼쳐지도록 온전히
맡겨요.

그리고 저녁에는 그날 하루를 다시
하나님께 돌려드려요. 그날 일어난 모든
일을 하나님께 맡겨요.

● 여호와 그가 네 앞에서 가시며 너와 함께하사
너를 떠나지 아니하시며 버리지 아니하시리니
너는 두려워하지 말라 놀라지 말라.
신명기 31장 8절

하나님의 전화번호 # 기도

혹시 하나님의 전화번호를 알고 있나요?

바로 예레미야 333이에요.

언제든지 전화해도 괜찮아요. 하나님의 전화는 통화 중일 때가 없어요. 부재 중이라 음성사서함으로 넘어가는 법도 없어요. 하나님은 언제든지 우리가 거는 전화를 받아 주세요.

하나님은 우리 전화를 간절히 기다리고 계신답니다. 우리에게 알려 주시고 싶은 놀라운 일이 아주 많기 때문에 우리가 전화하기를 늘 바라고 계시죠.

무엇보다 하나님은 우리 목소리를 듣고 싶어 하세요. 그래서 매일같이 기다리고 계세요.

어서 하나님께 전화를 걸어요. 예레미야 33장 3절로요!

하나님은 우리에게 수많은 놀라운 것들을 한시라도 빨리 알려 주고 싶어 하신답니다.

● 너는 내게 부르짖으라 내가 네게 응답하겠고
  네가 알지 못하는 크고 은밀한 일을 네게 보이리라.
  예레미야 33장 3절

177

두려워하지 마   # 두려움 # 맡김

성경에서 하나님이 자녀들에게 말씀하실 때 첫마디가
주로 무엇인지 아나요?

"안녕?" "잘 지냈니?"

아니에요. "두려워하지 마!"였어요.

하나님은 그분의 아들딸들이 단 한 순간도 불안해하거나
두려워하는 것을 바라지 않으세요. 우리는 하나님을 믿고
아무 걱정도 하지 말아야 해요.

걱정거리가 있나요? 겁이 나는 일이나 무서운 사람,
두려운 상황이 있나요?

하나님은 이렇게 말씀하세요. "두려워하지 마. 내가 너와
함께할 거야. 내가 널 도와줄 거야."

걱정거리가 무엇이든 지금 하나님의 손에 맡겨요.

● 예수께서 즉시 이르시되
  안심하라 나니 두려워하지 말라.
  마태복음 14장 27절

178

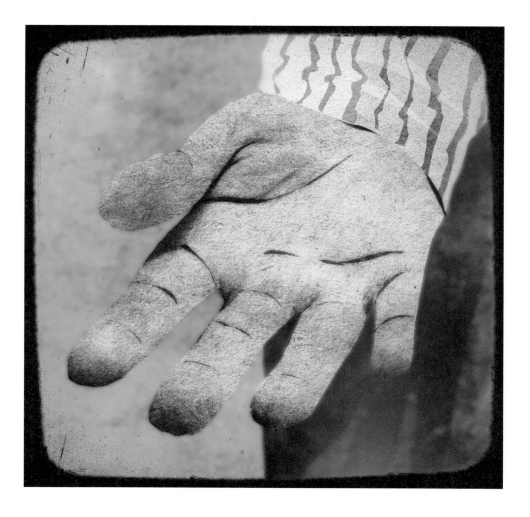

말하는 대로 #말 #거룩

세상에서 가장 길들이기 어려운 것은 무엇일까요?

사자?

힌트를 줄게요. 꽤 작아요.

개미? 그것도 아니에요. 성경은 이것이 너무 위험해서 숲을
통째로 태워 버릴 수도 있다고 말해요. 이것은 인간의 몸에서 가장
강한 부분이기도 하죠.

다리? 아니에요. 코 바로 밑에 있어요.

바로, 혀예요.

혀는 작지요. 하지만 성경은 혀가 거대한 배의 키와도 같다고
말해요. 혀는 우리 삶 전체를 조종하죠. 우리 삶은 우리 입에서
나가는 말대로 돼요. 우리가 하는 말이 큰 해를 끼칠 수도 있어요.
말로 사람들에게 상처를 줄 수도 있어요. 그리고 알다시피 한번
뱉은 말은 주워 담을 수 없어요.

그러면 어떻게 해야 할까요?

예수님은 '생명의 말씀'이라고 불리세요. 예수님이 입을 여시면
생명이 나타나기 때문이에요. 그 예수님의 말씀에 귀를 기울여요.
그러면 우리의 마음, 그리고 우리의 말을 바로잡아 주실 거예요.

● 여호와여 내 입에 파수꾼을 세우시고 내 입술의 문을 지키소서.
시편 141편 3절

180

잠잠해진 풍랑 # 고난 # 염려 # 평안

　어느 밤, 예수님과 제자들은 평화로운 시간을 보내려고
작은 배를 타고 바다(갈릴리호)로 나갔어요. 그런데
난데없이 폭풍이 몰아쳐 물이 사납게 넘실거리며 파도가
하늘 높이 치솟는 거예요. 예수님의 제자들은 놀라서
'이제 꼼짝없이 물에 빠져 죽겠구나' 생각했어요.
　하지만 예수님이 바다를 향해 "잠잠하라, 고요하라"
말씀하시니 즉시 바람이 그치고 파도가 잔잔해졌어요.
　요즘 마음에 염려가 산더미 같나요?
　바다의 풍랑을 잠재우신 예수님은 우리 마음속에 이는
거센 풍랑도 잠재우실 수 있어요.

● 너희 염려를 다 주께 맡기라 이는 그가 너희를 돌보심이라.
　베드로전서 5장 7절

183

슈퍼 파워   # 능력

- [그분을] 믿는 우리에게 베푸신
  [하나님의] 능력의 지극히 크심.
  에베소서 1장 19절

  하나님의 능력은 비할 데가 없고 헤아릴 수가 없으며 상상불가예요. 도무지 말로 다 표현할 길이 없어요.

  그런데 성경 기자 가운데 한 명이 그런 시도를 했어요. 바로, 사도 바울이에요. 바울은 세 개의 헬라어 단어로 하나님의 능력을 표현했어요.

  '후페르발로'와 '메게도스', '디나미스'가 그 단어들이에요. 한마디로 하나님의 능력은 하이퍼 메가 다이너마이트 급이에요!

  하지만 여기서 끝이 아니에요. 바울은 이 능력이 바로 '우리를 위한 것'이라고 말해요.

  그 어떤 일도 나 혼자 할 필요가 없어요. 혼자서 어려움을 헤쳐 나갈 만큼 강하거나 용감하지 않아도 괜찮아요. 왜냐하면 하나님이 우리에게 그분의 슈퍼 파워를 주셨거든요.

생일 축하합니다!   # 거듭남

영국 여왕한테는 생일이 두 개예요. 엄마 배 속에서 태어난 날, 그리고 공식적으로 여왕의 자리에 오른 날. 여왕의 자리에 오른 날에는 잘 차려입고 공식 축하 행사에 참석해서 수많은 사람들에 둘러싸여 시간을 보내야 해요. 하지만 진짜 생일에는 자기가 정말로 하고 싶은 일을 하죠. 하루 종일 편한 차림에 슬리퍼를 신고 다니면서 좋아하는 아이스크림을 마음껏 먹을 수도 있어요.

그런데 그거 아세요? 예수님 덕분에 우리는 무려 세 개의 생일을 갖게 되었어요.

먼저, 우리가 아기로 세상에 태어난 생일이에요.

그다음에는 우리가 예수님을 믿고 완전히 새로운 삶으로 다시 태어난 생일이 있어요.

마지막으로, 우리가 죽은 다음에도 생일이 있어요. 그때 예수님이 우리 손을 잡고 죽음을 통과하실 거예요. 그리고 나서 영원히 끝나지 않는 완벽한 삶 속에서 예수님과 함께 눈을 뜨게 된답니다.

● 여러분은 다시 태어났습니다. …
여러분의 새로운 삶은 영원히 지속될 것입니다.
베드로전서 1장 23절, NLT

빛 속으로 뛰어들다   # 믿음

믿음은 '하나님이 말씀하시는 것'을 믿는 거예요.

그런데 믿음이 어둠 속으로 뛰어드는 거라고 생각하는 사람들이
있어요. 과연 믿음은 어둠 속을 헤매듯 아무것도 보이지 않는
상태일까요?

그렇지 않아요. 성경은 정반대라고 말해요. 하나님을 멀리 떠난
사람은 어둠 속에 있어요. 그런 사람은 눈먼 사람처럼 더듬더듬
헤매며 살아요.

존 뉴턴은 악명 높은 노예 상인이었어요. 하지만 예수님을 알고
나서 삶이 송두리째 변했답니다. 그때부터 노예들을 해방시키는
일에 평생을 바쳤어요. 그리고 〈나 같은 죄인 살리신Amazing Grace〉
이라는 유명한 찬송가 가사도 썼죠. 그 찬송가에는 "한때는 눈이
멀었지만 이제 보게 되었네!"라는 대목이 있어요.

하나님이 계신 집으로 가는 것은 어둠 속으로 뛰어드는 일이
아니에요. 오히려 빛 속으로 뛰어드는 것이죠. 우리를 향한
하나님의 사랑이라는 빛 속으로!

● 예수께서 또 말씀하여 이르시되 나는 세상의 빛이니
나를 따르는 자는 어둠에 다니지 아니하고 생명의 빛을 얻으리라.
요한복음 8장 12절

창살 없는 감옥　　# 복수심　# 용서

● 서로 용서하기를
하나님이 그리스도 안에서 너희를 용서하심과 같이 하라.
에베소서 4장 32절

　하나님은 다른 사람을 용서하라고 말씀하세요. 하지만 내게 큰
잘못을 저지른 사람을 어떻게 용서할 수 있나요?

　어떻게 하면 우리가 용서할 수 있을까요? 우리는 할 수 없어요.
우리 힘으로는 정말 힘든 일이에요.

　유일한 방법은 우리 마음속에 예수님의 사랑을 가득 채우는
거예요. 도저히 용서받을 자격이 없는 우리를 용서하시고 사랑하다
못해 우리를 위해 목숨까지 버리신 예수님을 생각하면 다른
사람들을 용서하지 않을 수가 없어요.

　우리가 할 수 없는 것을 하도록 예수님이 우리를 도와주실
거예요.

　우리가 누군가를 용서하면 그 사람을 자유롭게 풀어 주는 걸까요?
그건 착각이에요. 오히려 정반대죠.

　우리가 용서하면 누군가가 풀려나요. 용서는 죄수를 풀어 주는
거예요. 그런데 그 죄수는 용서받은 상대방이 아니라 바로 용서를
베푼 나 자신이랍니다.

작은 새 선생님들　# 돌보심

● 공중의 새에게 물어보라 그것들이 또한 네게 말하리라.
　욥기 12장 7절

하나님은 우리에게 새를 관찰해 보라고 하세요.

"참새들을 보렴. 네가 보기에 작고 별 볼 일 없어 보일지 모르지만 나는
저들을 사랑하고 저들에 관한 모든 것을 알고 있다. 그렇다면 내가 너는
얼마나 더 사랑하겠니?

　까마귀들을 보렴. 저들은 씨를 뿌리지도 열매를 거두지도 않는다.
저들에게는 곳간도 냉장고도 없어. 하지만 나는 매 끼니 저들을 먹이고 있다.
그렇다면 내가 너는 얼마나 더 잘 돌봐 주겠니?

　황새들을 보렴. 저들은 멀리 떠나지만 매번 집으로 다시 돌아온다. 너도
언제나 내가 있는 집으로 돌아오렴!

　작은 새들처럼 너를 사랑하고 돌봐 주는 하늘 아버지가 있음을 기억해.

　뭐든 필요한 것이 있을 때마다 저 새들처럼 나를 찾아오렴. 가장 정확한
때에 너에게 가장 필요한 모든 것을 줄게."

하나님이 가장 좋아하시는 것   # 믿음

어떻게 하면 하나님을 기쁘시게 할 수 있을까요?

역사에 길이 남을 교향곡을 작곡할까요? 세계에서 가장 높은 산 정상에 오를까요? 거대한 교회를 지을까요? 아름다운 그림을 그릴까요? 훌륭한 책을 쓰면 어떨까요? 무언가 대단한 것을 발명하면 좋을까요? 몇 시간이고 계속해서 기도할까요?

물론 하나님이 우리에게 이런 일들 가운데 하나를 시키실 수도 있어요.

하지만 하나님이 가장 좋아하시는 것, 하나님이 가장 기뻐하시는 것이 무엇인지 아나요?

그것은 바로 우리가 하나님을 신뢰하는 거예요.

하나님은 우리가 '하나님이 우리를 사랑하신다'는 것을 믿을 때 가장 기뻐하신답니다.

● 매일 아침 주의 사랑의 말씀을 듣게 하소서. 내가 주를 신뢰합니다.
시편 143편 8절, 현대인의성경

사슴의 발

#동행 #능력

높고 가파르고 울퉁불퉁하고 험한 지대를. 이런 곳을 다녀야 하기 때문에 하나님이 사슴의 발을 그렇게 만드셨어요. 그래서 사슴은 세상에서 가장 높고 험한 땅에서도 안정적으로 서 있을 수 있죠.

성경에 보면, 하나님이 우리를 위해서도 높은 지대들을 마련하셨다고 적혀 있어요. 하나님이 안내하시는 길은 가파를 수도 있어요. 그곳에 오르는 길은 좁고 험난할 수 있어요. 곳곳에 위험이 도사릴 수도 있어요. 하지만 하나님은 약속하셨어요. 우리와 함께하시겠다고.

하나님은 언제나 우리를 완벽한 길로 이끄실 거예요. 우리가 높은 곳에 무사히 이르도록 하나님께서 우리의 발을 사슴의 발처럼 단단하게 해 주실 거예요.

● 이 하나님이 …… 내 길을 완전하게 하시며
나의 발을 암사슴 발 같게 하시며 나를 나의 높은 곳에 세우시며.
시편 18편 32-33절

다 이해할 수 없을 때도   # 순종   # 믿음

● 그[아브라함]는, 하나님께서 스스로 약속하신 바를
   능히 이루실 것이라고 확신하였습니다.
   로마서 4장 21절, 새번역

     하나님은 노아에게 사막 한가운데서 배를 만들라고 명령하셨어요. 하늘에
구름 한 점 없이 맑은 날에 말이에요. 또 아브라함이 백 살이고 그의 아내가
아흔 살일 때 하나님은 둘 사이에 아기를 주겠다고 약속하셨어요. 하나님은

여호수아에게는 칼과 창이 아니라 침묵과 함성으로 여리고성을 무너뜨리라고
지시하셨어요!

　황당하지 않나요? 때로 하나님은 우리에게 이렇듯 이해할 수 없는 일을
명령하세요. 때로 하나님은 절대 불가능해 보이는 일을 약속하세요.

　무엇을 믿겠어요?

　눈에 보이는 것? 내 머리로 이해할 수 있는 것?

　아니면 하나님이 내게 말씀하시는 것?

하나님의 미술관 # 창조주 # 정체성

하나님은 즐거워하시며 마치 예술가처럼 세상 모든 것을 만드셨어요.

조나단 에드워즈는 온 세상이 하나님의 아름다운 예술 작품들을 보여 주는 하나님의 미술관과도 같다는 말을 했어요. 우리 주변에 있는 모든 것들이 하나님에 관해 말하고 있답니다.

눈송이 하나하나가 속삭이고 있어요.

"우리가 아름다운 것은 하나님이 그렇게 지어 주셨기 때문이야!"

숲속 모든 동물이 선포해요.

"우리를 지으신 분은 얼마나 아름다우신가!"

하나님은 전나무 숲에서 홀로 빛나는 은빛 자작나무를 통해 우리에게 자신을 보여 주고 계세요.

온 우주는 자기가 스스로 존재하지 않았다고, 모든 것을 하나님이 지으셨다고 우리에게 이야기하고 있어요.

그런데 하나님은 그중에서도 무엇을 그분의 최고 작품으로 꼽으실까요?

바로 당신이에요.

● 우리는 하나님의 걸작이기 때문입니다.
에베소서 2장 10절, NLT

하나님 공부   # 진리

온 사방에서 하나님의 세상이 빛나고 있어요.

드높은 하늘, 굽이굽이 흐르는 강물, 푸른 초목들, 온갖 동물들….
온 세상이 굳이 말을 사용하지 않고도 하나님의 능력과 지혜,
아름다우심을 끊임없이 드러내고 있어요.

하지만 그것들이 우리에게 모든 것을 말해 주지는 못해요.
그것들은 가장 중요한 것은 드러내 주지 못해요.

바로, 하나님의 사랑에 관해서는 드러내 주지 못해요. 하나님의
놀라운 사랑, 멈출 수 없는 사랑, 포기할 줄 모르는 사랑, 절대 식지
않는 사랑, 영원한 사랑!

별들을 만드신 사랑, 우리와 가까이하기 위해 하늘과 땅을
움직이신 사랑, 우리와 함께 살기 위해 이 땅으로 내려오신 사랑.

하나님의 사랑을 제대로 보려면 바로 예수님을 봐야 해요.

그리스도는 보이지 않는 하나님의
보이는 형상이십니다.
골로새서 1장 15절, NLT

202

사랑의 다른 이름, 예수　　# 사랑

사랑이란 무엇일까요? 가슴에 전해 오는 어떤 느낌일까요?

성경은 사랑이 그보다 훨씬 더 큰 것이라고 말해요.

사랑은 오래 참고 온유해요. 절대 원한을 품지 않아요.
자기 뜻대로만 하려고 하지 않고 언제나 남들이 잘되기를
바라죠. 자신을 먼저 생각하지 않고, 시기도 교만도 자랑도
할 줄 몰라요. 무례하게 굴지 않고, 항상 소망으로 가득해요.

어때요? 정말 긴 목록이죠? 보통 힘든 일이 아니죠?

세상에 누가 이런 사랑을 할 수 있겠어요?

딱 한 사람만 가능하답니다.

그분은 우리와 함께 사시기 위해서 그분의 아버지와
보좌를 떠나 이 땅에 인간의 몸으로 오셨어요. 그리고 진짜
사랑이 무엇인지 똑똑히 보여 주셨답니다.

그래요. 사랑은 단순한 목록이 아니에요.

사랑은 바로 '예수님'이랍니다.

● 하나님이 세상을 이처럼 사랑하사
　독생자를 주셨으니.
　요한복음 3장 16절

세상이 생겨나기도 전에   # 정체성

하나님은 반짝이는 별들을 만들기 전에,

바다를 펼치기 전에,

산을 세우기 전에,

그 무엇도 창조하기 전에 무언가를 하셨어요.

무엇을 하셨을까요?

바로 우리를 사랑하셨어요.

그리고 우리를 그분의 것으로 선택하셨어요.

● 하나님은 세상을 만들기도 전에
   우리를 사랑하고 선택하셨습니다.
   에베소서 1장 4절, NLT

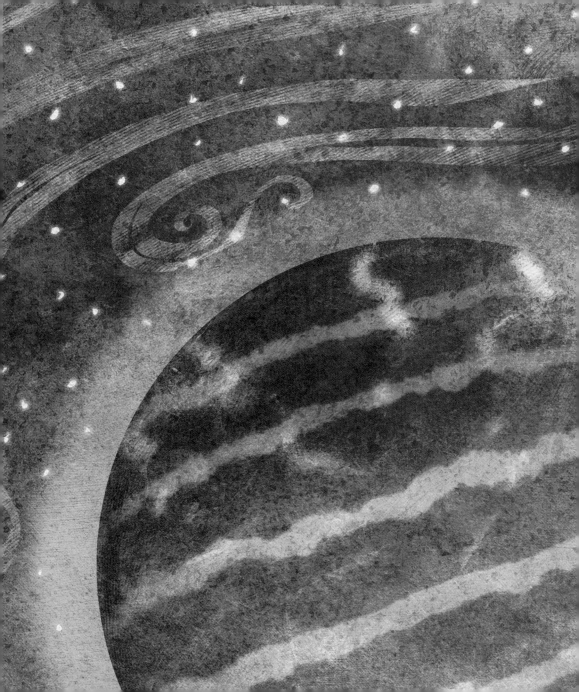

하지만 하나님은! # 고난 # 도우심

이 짧은 말은 성경 전체에서 가장 중요한 말이에요.
그래서인지 무려 3,930번이나 성경에 등장한답니다.

모든 것이 끝난 것처럼 보일 때, 아무런 희망도 없어
보일 때, 하지만 하나님은! 그곳에 등장하셔서 상황을
백팔십도로 바꿔 주세요. "하지만 하나님은!"이라는 말은
이제 막 모퉁이를 도는 소방차와도 같아요. 도움이 오고
있다는 뜻이에요.

아담과 하와는 에덴동산에서 쫓겨났어요. "하지만
하나님은 두 사람에게 약속의 말씀을 속삭이셨어요."

세상을 심판할 홍수가 들이닥치고 있었어요. "하지만
하나님은 노아를 기억하셨어요."

우리의 상황은 절망적이었어요. "하지만 하나님은 우리를
깊이 사랑하셔서 구원자 예수님을 보내 주셨어요."

오늘 우리 삶에 어떤 일이 벌어지고 있든지 우리 모두
위를 바라봐요! 도움이 오고 있으니!

● 내 육체와 마음은 쇠약해질 수 있습니다.
하지만 하나님은 내 마음의 힘이십니다.
시편 73편 26절, NIV

하나님의 때   # 섭리 # 주권

하나님의 셈법을 기억하나요? 그렇다면 하나님의 시간은 어떨까요?
하나님께는,

   1,000년 = 1일

   1일 = 1,000년

모세를 예로 들어 볼까요? 하나님은 모세를 위대한 리더로 선택하셨어요.
그런데 언제 선택하셨는지 아나요? 모세가 여든 살 할아버지가 되었을
때예요. 아브라함은 또 어떤가요? 하나님은 아브라함에게 자녀를 주긴
주셨는데 아브라함이 백 살이 되어서야 비로소 주셨어요!

이번에는 야이로의 딸을 볼까요? 다들 예수님이 쏜살같이 달려오셔서
그 아이가 죽기 전에 병을 고쳐 주시기를 바랐어요. 하지만 예수님은 가는
도중에 만난 한 여자를 고치느라 한참을 지체하셨어요.

"너무 늦으셨어요!"

모두가 실망한 표정으로 예수님께 말했죠.

하지만 예수님이 지체하신 덕분에 12년간 병에 시달린 여자가 치료를
받았고, 야이로의 딸은 치료를 받은 정도가 아니라 죽었다가 다시
살아났어요!

하나님이 우리를 잊어버리신 것만 같다고요? 하나님이 시간을 끄시는 것은
상황을 더 힘들게 만드시려는 게 아니에요. 언제나 상황을 더 좋게 만드시기
위해서랍니다.

● 내 일생은 주의 손에 달려 있습니다.
   시편 31편 15절, 현대인의성경

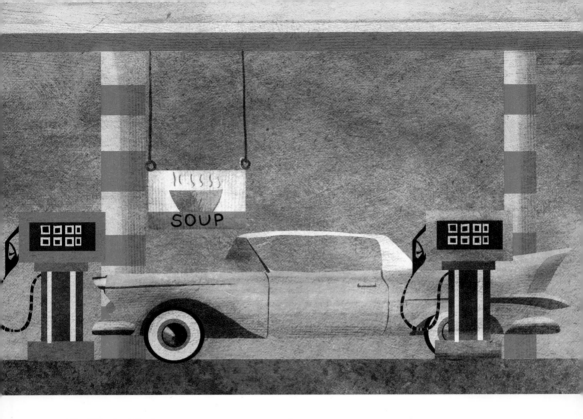

내 삶의 연료   # 창조주 # 정체성

자동차 연료 탱크에 쌀죽을 넣으면 어떻게 될까요?

아이코, 큰일 날 소리!

토마토 수프는 어떨까요?

제발! 그렇게 하면 자동차가 망가져요!

성경도 그렇게 말해요. 우리 삶의 중심에 하나님이 아닌 다른 것을
넣으면 우리 삶이 망가진다고요.

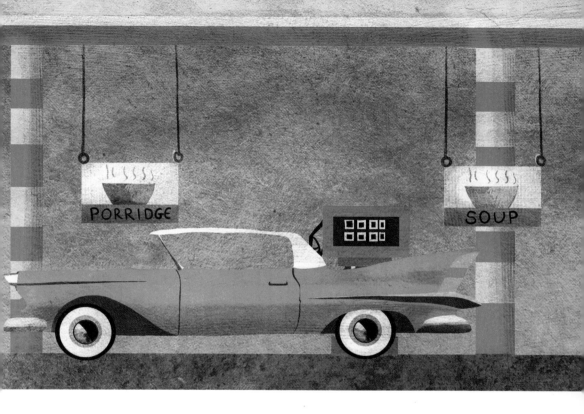

우리는 죄와 눈물이 아닌 사랑과 기쁨으로 살아가도록 만들어졌어요.

성경은 오직 하나님만이 우리 마음을 제대로 이해하신다고 말해요.
하나님만이 어떻게 해야 우리 마음이 건강해지는지 아세요. 우리
마음을 애초에 하나님이 만드셨으니까요.

그리고 하나님은 우리 마음을 만드셨기 때문에 또한 고치는 법도
아세요.

● 여호와께서 … 나를 보내사 마음이 상한 자를 고치며.
　이사야 61장 1절

213

날도록 창조된 존재

#양육 #훈련

독수리들이 새끼에게 나는 법을 가르치는 모습을 본 적이
있나요?

정말 아찔해요. 포근한 둥지 안에서 기분 좋게 하품을 하고
있는데 느닷없이 밖으로 홱 밀쳐져서 추락한다고 상상해 봐요.
그것도 밀친 것이 자기 부모라면? 상상만 해도 끔찍하죠?

하지만 어미 독수리들이 그렇게 하는 것은 다 생각이
있기 때문이에요. 새끼들은 떨어질 때 공포에 질려 날개를
푸드덕거리면서 강해져요. 어미 독수리는 새끼들이 마침내 나는
법을 배울 때까지 몇 번이고 떨어지는 새끼들의 날개를 붙잡아
다시 둥지로 올려 줬다가 밀치기를 반복해요.

성경은 우리 또한 날도록 만들어졌다고 말해요. 우리는 하나님을
믿고 그분을 사랑하며 하나님의 사랑 안에서 날아올라야 할
존재예요. 우리는 날기 위해 지음받았어요!

● 오직 여호와를 앙망하는 자는 새 힘을 얻으리니
　독수리가 날개 치며 올라감 같을 것이요.
　이사야 40장 31절

봄을 준비하는 나무   # 고난 # 회복

   겨울에는 나무들이 마치 죽은 것처럼 보여요. 가지만
앙상한 겨울나무들은 춥고 황량한 하늘을 배경으로 서 있는
뼈다귀들 같아요.

   하지만 심지어 단 하나의 나뭇잎이 땅에 떨어지기도 전에
다음 해 봄에 다시 돋아날 싹이 준비된다는 것을 아나요?
다음 해 여름에 피어날 잎이 작은 싹 안에 돌돌 말려서
밖으로 나오기만을 기다리고 있어요.

예수님은 망가진 것은 다 제 모습을 되찾고, 아픈 것이
다 치료되며, 죽은 것이 다 다시 살아난다고 말씀하세요.
하나님이 모든 슬픈 일을 해피엔딩으로 바꿔 가고
계신답니다.

지금은 보이지 않죠? 하지만 겨울의 과일나무를 잊지 말아요.
죽은 것처럼 보이지만 싹은 이미 움 틔울 준비를 하고 있어요.
봄이 오면 반드시 다시 꽃을 피우고 열매를 맺을 거예요.

● [예수님이 말씀하셨다.] 보라 내가 만물을 새롭게 하노라.
요한계시록 21장 5절

하나님께 불가능한 한 가지   # 사랑

하나님께 불가능한 일은 없어요. 하나님은
무엇이든 하실 수 있답니다. 거칠게 날뛰는 풍랑도
단번에 잠재우실 수 있어요. 태양도 멈추실 수 있죠.
바다 한가운데에 순식간에 길을 내실 수도 있고요.
그렇다면 하나님이 하실 수 없는 일이 있을까요?
딱 하나 있어요.
바로 우리를 더 이상 사랑하지 않으시는 거예요.

● 네가 내 눈에 보배롭고 존귀하며
  내가 너를 사랑하였은즉.
  이사야 43장 4절

아버지 손을 꼭 잡고 　# 동행

　어둔 밤길을 가거나 좁은 길을 걸을 때는 손을 꼭
잡고 안내해 줄 사람이 필요해요. 믿고 의지할 누군가가
필요해요.
　하나님이야말로 우리가 참으로 의지할 수 있는 분이에요.
하나님이 뭐라고 말씀하시는지 귀 기울여 봐요.

　　　"내가 네 손을 꼭 잡고 있단다.
　　　이 손을 절대 놓지 않을게.
　　　네가 어디를 가든
　　　무엇을 하든
　　　네 손을 꼭 잡아 줄게.
　　　너를 이끌고
　　　지켜 줄게.
　　　심지어 죽음을 통과할 때도
　　　네 손을 절대 놓지 않을 거야."

● 내가 네 손을 잡아 너를 보호하며.
　이사야 42장 6절

출처 및 참고 자료

다음은 이 책에서 사용한 인용문들의 출처입니다. 이 책을 쓸 때 성경과 더불어 이 글들에서 많은 영감을 받았습니다. 이것 말고도 내게 용기를 주고 격려가 된 다른 인용문과 책들도 소개했습니다. 여러분에게도 영감을 주리라 믿습니다.

기쁨의 춤! / 우리를 덮친 거대한 재앙

"우주의 움직임은 기계나 군대 같은 움직임이 아니라 춤이나 축제, 교향곡, 의식 혹은 이 모두를 합친 것이라고 생각해야 한다. 이 움직임은 아무런 방해를 받지 않은 상태에서 가장 완벽한 대상을 향하는 가장 완벽한 파동의 움직임이다."
C. S. 루이스, *Studies in Medieval and Renaissance Literature* (중세와 르네상스 문학 연구)

"사람이 중심이 될 때마다 평지풍파의 핵이 된다."
도로시 L. 세이어즈, 《도그마는 드라마다》(*Letters to a Diminished Church*, IVP 역간)

"죄는 도덕성이나 행위의 문제가 아니라 하나님을 중심에 놓지 않으려는 인간 정신의 상태다."
아서 맥길, *Sermons*(설교 모음)

'춤'이란 개념에 관해 더 알고 싶다면 C. S. 루이스의 《순전한 기독교》(*Mere Christianity*, 홍성사 역간)와 팀 켈러의 《왕의 십자가》(*King's Cross*, 두란노 역간)를 읽어 보세요.

사랑 많으신 나의 아버지

이 글은 에이미 카마이클의 책 *Edges of His Ways*(그분의 길의 가장자리들)에 실린 4월 22일 자 글에서 영감을 얻었어요.

작디작은 나에게 마음을 쓰시는 하나님

이 글의 개념은 팀 켈러에게서 빌렸어요. 팀 켈러는 1970년대 바바라 보이드의 강연에서 이 비유에 관한 영감을 얻었어요.

기쁨으로 가득해져라!

"자신에게 영광을 돌리라는 하나님의 명령은 그분을 즐기라는 초대이기도 하다."

C. S. 루이스, 《시편 사색》(*Reflections on the Psalms*, 홍성사 역간)

"내가 이것을 너희에게 이름은 내 기쁨이 너희 안에 있어 너희 기쁨을 충만하게 하려 함이라."

- 요한복음 15장 11절

그냥 받아들여요

이 글은 에이미 카마이클의 책 *Edges of His Ways* (그분의 길의 가장자리들)에 실린 5월 7일자 글에서 영감을 얻었어요.

내가 살 곳은?

"물고기 마음대로 땅 위로 나올 수는 있지만 물속이 아니면 진정으로 자유로울 수 없다. 물고기가 속한 곳은 물이듯 우리 영이 속한 곳은 하나님이다."

게르하르트 테르슈테겐, *Select Letters* (편지 모음)

승리의 소식, 좋은 소식

"복음은 사람들에게 건네는 좋은 조언이 아니라 그리스도에 관한 좋은 소식이다. 뭔가를 하라는 초대가 아니라 하나님이 하신 일에 관한 선포다."

존 스토트, 《기독교의 기본 진리》(*Basic Christianity*, 생명의말씀사 역간)

하나님은 바쁘시니까?

"단순한 사람들은 하나님이 우리가 끊임없이 찾아가 요청하는 것을 귀찮아서 싫어하신다고 생각한다. 하지만 하나님을 전혀 찾지 않는 것이야말로 그분께 폐를 끼치는 것이다."

D. L. 무디, *Prevailing Prayer* (응답받는 기도)

하나님의 발사대

"하나님은 아무것도 없는 상태에서 세상을 창조하셨다. 우리가 아무것도 아닐 때만이 하나님이 우리로 무언가를 만드신다."

마르틴 루터

기대고 의지해도 돼요
"진정한 믿음은 약한 인간이 하나님의 강하심을 의지하는 것이다."
D. L. 무디, 《하나님께 가는 길》(*The Way to God*, 라온누리 역간)

내 느낌 < 하나님
이 글은 에이미 카마이클의 책 *Edges of His Ways*(그분의 길의 가장자리들)에 실린 3월 27일
자 글에서 영감을 얻었어요.

도토리 한 알의 잠재력
"우리는 하나님이 쓰시기에 너무 커서 문제이지 너무 작아서 문제인 경우는 절대 없다."
D. L. 무디

절대적 확신
조나단 에드워즈의 *Works of Jonathan Edwards* (조나단 에드워즈 전집) 중 *Sermons and
Discourses* (1720-1723년 설교 모음)의 "크리스천의 행복"에서 가져왔어요.

화살기도
"믿음은 우리 영혼이 구원하시는 하나님을 응시하는 것이다."
A. W. 토저, 《하나님을 추구하라》(*The Pursuit of God*, 복있는사람 역간)

내 마음이 노래하게 하기 위해
"풀잎 하나 색깔 하나까지, 이 세상에 우리를 기쁘게 하기 위해 만들어지지 않은 것은 하나
도 없다."
장 칼뱅, *Selections from His Writings*(칼뱅 선집)

한 사람의 고귀한 선택
어니스트 고든의 *Through the Valley of the Kwai*(콰이 골짜기를 지나)에서 가져온 이야기예요.

의심과 믿음

"믿음을 통해 우리만 하나님을 붙드는 것이 아니다. 믿을 때 하나님이 우리를 붙들어 주신다."

E. 스탠리 존스, *Abundant Living* (풍성한 삶)

"당신을 구해 주는 것은 그리스도를 붙잡는 당신의 손이 아니다. 그리스도가 구해 주신다."

찰스 스펄전, *Sermons of the Rev. C. H. Spurgeon: 2nd Series*(C. H. 스펄전 목사의 설교 선집 두 번째 시리즈)

노력과 믿음

"'자, 이제 스스로 크리스천이라고 부를 준비가 되었네요'라고 내가 말하면 그들은 머뭇거린다. 그것은 제대로 이해하지 못했기 때문이다. 내가 다시 '문제가 무엇인가요? 왜 머뭇거리나요?'라고 물으면 그들은 '내가 아직 충분히 선하지 못한 것 같아서요'라고 대답한다. … 그들은 자신에게 초점을 두고 생각한다. 그들은 여전히 크리스천이 되기 위해, 그리스도께 받아들여지기 위해서 스스로 충분히 선해져야 한다고 생각한다. … 하지만 우리는 아무리 노력해도 충분히 선해질 수 없다. 충분히 선해진 사람은 역사상 아무도 없었다. 기독교 구원의 핵심은 하나님이 충분히 선하시고 나는 그분 안에 있다고 말하는 것이다!"

마틴 로이드 존스, 《영적 침체》(*Spiritual Depression: Causes and Cures*, 복있는사람 역간)

하나님의 처방전

"하나님은 그분을 신뢰하는 사람에게 눈에 보이는 약속을 주신다."

리처드 십스(16세기 청교도), 출처 미상

"당신의 문제에 하나님의 약속의 빛을 비추라."

코리 텐 붐, 《날마다 새롭게》(*Each New Day*, 터치북스 역간)

"아시는 하나님께 우리가 모르는 미래를 맡기기를 두려워하지 말라."

코리 텐 붐, 《날마다 새롭게》(*Each New Day*, 터치북스 역간)

왜 걱정하나요?

엘리자베스 체니가 쓴 시 제목은 "과수원에서 우연히 듣다"(Overheard in an Orchard)예요. 이 시는 L. B. 카우만의 《사막에 샘이 넘쳐흐르리라》(*Streams in the Desert*, 복있는사람 역간)에 실려 있어요.

하나님께 조르기

"큰 요청을 가지고 왕께 나아가라. 그분의 은혜와 능력은 너무나 커 감당 못하실 요청이 없네."

존 뉴턴, "Come, My Soul, Thy Suit Prepare", 1779년 작사

챔피언의 상

"예수님은 하늘에 없는 어떤 기쁨을 얻기 위해 이 땅에 오셨을까요?"

팀 켈러, 2010년 3월 30일 '자제력'이라는 제목의 설교에서

작은 참새 한 마리까지도

'참새들: 자존감'이라는 존 스토트의 설교에서 영감을 얻었어요.

안개 속의 레이더

"믿음은 안개 속을 꿰뚫어보는 레이더와 같다. 믿음은 인간의 눈으로는 볼 수 없는 먼 곳의 현실을 볼 수 있다."

코리 텐 붐, *Tramp for the Lord*(하나님을 위한 도보 여행)

내 영혼을 향해 선포해요

"불행의 대부분이 자신을 향해 말하지 않고 자신의 말을 듣기만 하는 데서 비롯한다는 사실을 아는가?"

마틴 로이드 존스, 《영적 침체》(*Spiritual Depression: Causes and Cures*, 복있는사람 역간)

잠잠해진 풍랑

"주께서 바다의 파도를 다스리시며 그 파도가 일어날 때에 잔잔하게 하시나이다."

-시편 89편 9절

슈퍼 파워

"크고 위대해지려고 할수록 우리는 작아진다."
E. 스탠리 존스, *Victorious Living*(승리하는 삶)

빛 속으로 뛰어들다

존 뉴턴의 찬송가 〈나 같은 죄인 살리신〉은 올니와 쿠퍼의 *Olney Hymns*(올니 찬송가집, 1779년)에 실려 있어요. (새찬송가 305장 - 편집자)

창살 없는 감옥

"용서하는 것은 포로를 풀어 주고 나서 그 포로가 자신이라는 사실을 발견하는 것이다."
루이스 B. 스미즈, 《용서의 미학》(*The Art of Forgiving*, 이레서원 역간)

용서에 관해서 더 배우고 싶다면 코리 텐 붐의 《주는 나의 피난처》(*The Hiding Place*, 생명의말씀사 역간)를 추천해요.

작은 새 선생님들

"보다시피 하나님은 새들을 우리의 선생으로 삼고 계신다. 복음서에서 작은 참새를 지극히 지혜로운 사람들을 위한 신학자이자 설교자로 제시한다는 사실이 우리로서는 지독히 창피한 노릇이다. 우리에게는 공중의 작은 새들이 다 우리의 선생이요 설교자다. 그들의 살아 있는 본보기는 우리를 부끄럽게 만든다. … 따라서 나이팅게일의 소리를 들을 때마다 우리는 탁월한 설교를 듣는 것이다. … 나이팅게일은 마치 '나는 하나님의 부엌이 좋다'라고 말하는 듯하다. 하나님은 천지를 지으셨으며 요리사이자 연회 주최자이시다. 매일 하나님은 수많은 작은 새들을 직접 먹이신다."
마르틴 루터, *The Sermon on the Mount*(산상수훈)

사슴의 발

이 글은 에이미 카마이클의 책 *Edges of His Ways*(그분의 길의 가장자리들)에 실린 3월 19일자 글에서 영감을 얻었어요.

다 이해할 수 없을 때도

"나는 보이는 것에 감동하지 않는다. 느껴지는 것에 감동하지도 않는다. 나는 믿는 것에 감동한다."

스미스 위글스워스, 출처 미상

하나님의 미술관

"저 높고 푸른 하늘과 수없는 빛난 별들을 지으신 이는 창조주 그 솜씨 크고 크셔라. 날마다 뜨는 저 태양 하나님 크신 권능을 만백성 모두 보라고 만방에 두루 비치네. / 해 지고 황혼 깃들 때 동편에 달이 떠올라 밤마다 귀한 소식을 이 땅에 두루 전하네. 행성과 항성, 모든 별 저마다 제 길 돌면서 창조의 기쁜 소식을 널리 전하네. / 엄숙한 침묵 속에서 뭇별이 제 길 따르며 지구를 싸고 돌 때에, 들리는 소리 없어도 내 마음 귀가 열리면 그 말씀 밝히 들리네. 우리를 지어 내신 이 대주재 성부 하나님."

조셉 애디슨, "송시: 저 높고 푸른 하늘"(Ode: A Spacious Firmament), 1712년 〈스펙테이터〉 (*Spectator*)에 수록. (새찬송가 78장 가사-편집자)

하나님의 때

"하나님이 시간을 끄시는 것은 상황을 더 힘들게 만드시기 위해서가 아니다. 그것은 언제나 상황을 더 좋게 만드시기 위해서다."

팀 켈러, "죽어 가는 소녀와 아픈 여인"(A Dying Girl and a Sick Woman)

내 삶의 연료

"자동차는 휘발유로 움직이도록 만들어졌다. 다른 연료를 넣으면 제대로 가지 않는다. 마찬가지로 하나님은 인간이라는 존재가 그분을 연료로 해서 작동하도록 설계하셨다. 하나님 자신이 인간의 영이 연소시켜야 할 연료요 먹어야 할 음식이다. 다른 연료와 음식은 없다. 이것이 종교와 상관없이 우리 방식대로 우리를 행복하게 해 달라고 하나님께 요청하는 것이 잘못인 이유다. 하나님은 그분 자신과 상관없는 행복과 평강을 주실 수 없다. 왜냐하면 그런 것은 없기 때문이다. 그런 것은 없다."

C. S. 루이스, 《순전한 기독교》